선포해봤어!

선포해봤어!
하나님의 말씀 500선

- 초판 1쇄 인쇄 2026년 1월 5일
- 초판 1쇄 발행 2026년 1월 10일

- 지은이 이충섭
- 펴낸이 조유선
- 펴낸곳 누가출판사
- 등록번호 제315-2013-000030호
- 등록일자 2013. 5. 7
- 주소 서울시 강서구 공항대로 59다길 276(염창동)
- Tel 02-826-8802, Fax 02-6455-8805
- 정가 15,000원
- ISBN 979-11-85677-97-2

이충섭 지음

선포해봤어!

하나님의 말씀 500선

Words of Blessing

Words of Blessing

Words of Hope

Proclaimed 500 Scriptures of God's Word!

Words of Healing

Words of Salvation

출판사
누가

서문

교회에 자유롭게 모일 수 없는 시대에 우리는 어떻게 하나님의 말씀을 힘 있게 선포할 수 있을까요? 그 해답은 단순합니다. 하나님의 사람들이 하나님의 말씀을 그대로 붙들고 선포할 때, 그 안에 놀라운 힘이 임합니다. 말씀을 선포하며 붙잡고 기도할 때, 하나님의 권세와 능력이 우리의 삶에 스며듭니다. 우리는 하나님의 자녀답게, 하나님의 뜻을 따라 담대히 살아갈 수 있습니다.

이 책에 선포해야 할 하나님의 말씀들을 축복의 말씀, 소망의 말씀, 은혜의 말씀, 치유의 말씀, 구원의 말씀으로 정리했습니다. 특히 이번 세대가 한글과 영어로 말씀을 선포할 수 있도록 구성하여, 믿음이 자라는 동시에 영어 학습에도 유익을 주고자 했습니다.

하나님의 말씀을 한글과 영어로 함께 선포하면 어떤 일이 일어날까요?

• 성경 전체의 핵심 구절을 한눈에 접해 말씀의 폭이 넓어집

니다.

- 매일 말씀을 선포함으로 믿음이 자라고 하나님과의 관계가 깊어집니다.
- 국내외 복음 전파에 효과적이며, 언어 장벽이 낮아집니다.
- 언어 학습과 말씀 암송이 동시에 이루어집니다.
- 반복 선포로 성경 내용을 체계적으로 익히게 됩니다.
- 말씀 훈련이 영적 생활을 안정시키고, 마음을 새롭게 합니다.
- 가정과 공동체 예배에 함께 활용할 수 있습니다.
- 기도가 말씀 위에 세워져 깊어지고 힘있게 됩니다.
- 다음 세대에게 성경 말씀을 풍성하게 전할 수 있습니다.

한국 교회가 살아 있는 곳에는 하나님의 말씀이 살아 있습니다. 말씀을 읽고, 듣고, 지키며, 암송하고 선포할 때, 우리는 믿음이 성장하는 놀라운 변화를 경험하게 됩니다.

한글과 영어로 하나님의 말씀을 암송하면,

- 말씀의 의미와 뉘앙스를 더 깊이 이해하고 삶에 풍성하게 적용할 수 있습니다.
- 어휘와 문장 구조, 발음을 자연스럽게 익혀 영어 실력이 향상됩니다.
- 국내외 복음 전파에서 언어의 장벽이 허물어집니다.

- 한글과 영어로 반복 암송하며 기억력과 집중력이 강화됩니다.
- 하나님의 말씀 묵상 시간이 늘어나 하나님과의 친밀감이 깊어집니다.

이 책을 통해 매일 하나님의 말씀을 선포하며, 믿음의 뿌리를 깊게 내리고 삶의 모든 영역에서 하나님의 영광을 드러내시기를 기도합니다.

"주의 말씀은 내 발에 등이요 내 길에 빛이니이다" 시 119:105
"Your word is a lamp to my feet and a light for my path."
Psalm 119:105

전능한 하나님!
이 책을 읽는 모든 이의 마음에 하나님의 말씀의 불씨가 타오르게 하옵소서.
한글과 영어로 선포되는 하나님의 말씀을 통해 믿음이 자라고, 그 믿음이 세상을 향해 복음을 전하는 힘이 되게 하옵소서.
하나님의 말씀을 붙잡는 손이 놓이지 않게 하시고, 그 하나님의 말씀 속에서 하나님의 뜻과 사랑을 날마다 발견하게 하옵소서.
예수 그리스도의 이름으로 기도드립니다. 아멘.

목차

II. 소망의 말씀 Words of Hope 59

III. 은혜의 말씀 Words of Grace 101

I.

축복의 말씀
Words of Blessing

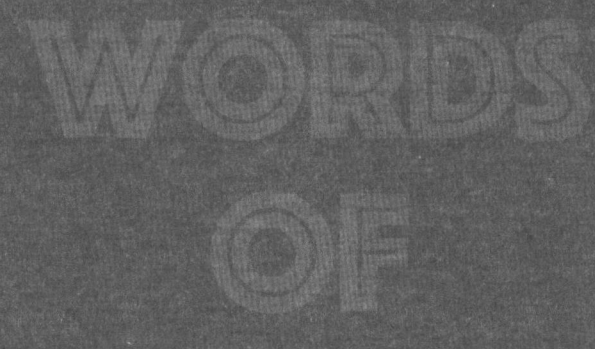

1.
축복의 말씀
Words of Blessing

창세기 1장 28절

하나님이 그들에게 복을 주시며 하나님이 그들에게 이르시되 생육하고 번성하여 땅에 **충만하라, 땅을 정복하라, 바다의** 물고기와 하늘의 새와 땅에 움직이는 모든 생물을 다스리라 하시니라 아멘

Genesis 1:28

God blessed them and said to them, "Be fruitful and increase in number; fill the earth and subdue it. Rule over the fish of the sea and the birds of the air and over every living creature that moves on the ground." Amen

신명기 1장 11절

너희 조상의 하나님 여호와께서 너희를 현재보다 천 배나 많게 하시며 너희에게 허락하신 것과 같이 너희에게 복 주시기를 원하노라 아멘

Deuteronomy 1:11

May the LORD, the God of your fathers, increase you

a thousand times and bless you as he has promised!
Amen

신명기 28장 1절

네가 네 하나님 여호와의 말씀을 삼가 듣고 내가 오늘 네게 명령하는 그의 모든 명령을 지켜 행하면 네 하나님 여호와께서 너를 세계 모든 민족 위에 뛰어나게 하실 것이라 아멘

Deuteronomy 28:1

If you fully obey the LORD your God and carefully follow all his commands I give you today, the LORD your God will set you high above all the nations on earth. Amen

신명기 28장 12절

여호와께서 너를 위하여 하늘의 아름다운 보고를 여시사 네 땅에 때를 따라 비를 내리시고 네 손으로 하는 모든 일에 복을 주시리니 네가 많은 민족에게 꾸어줄지라도 너는 꾸지 아니할 것이요 아멘

Deuteronomy 28:12

The LORD will open the heavens, the storehouse of his bounty, to send rain on your land in season and to bless all the work of your hands. You will lend to many nations but will borrow from none. Amen

역대상 4장 10절

야베스가 이스라엘 하나님께 아뢰어 이르되 주께서 내게 복을 주시려거든 나의 지역을 넓히시고 주의 손으로 나를 도우사 나로 환난을 벗어나 내게 근심이 없게 하옵소서 하였더니 하나님이 그가 구하는 것을 허락하셨더라 아멘

Chronicles 4:10

Jabez cried out to the God of Israel, "Oh, that you would bless me and enlarge my territory! Let your hand be with me, and keep me from harm so that I will be free from pain." And God granted his request. Amen

시편 73편 28절

하나님께 가까이 함이 내게 복이라 내가 주 여호와를 나의 피난처로 삼아 주의 모든 행적을 전파하리이다 아멘

Psalms 73:28

But as for me, it is good to be near God. I have made the Sovereign LORD my refuge; I will tell of all your deeds. Amen

마태복음 5장 5절

온유한 자는 복이 있나니 그들이 땅을 기업으로 받을 것임이요 아멘

Matthew 5:5

Blessed are the meek, for they will inherit the earth.
Amen

마태복음 5장 8절

마음이 청결한 자는 복이 있나니 그들이 하나님을 볼 것임
이요 아멘

Matthew 5:8

Blessed are the pure in heart, for they will see God.
Amen

히브리서 6장 14절

내가 반드시 너에게 복 주고 복 주며 너를 번성하게 하고 번
성하게 하리라 아멘

Hebrews 6:14

saying, "I will surely bless you and give you many
descendants." Amen

요한계시록 1장 3절

이 예언의 말씀을 읽는 자와 듣는 자와 그 가운데에 기록한
것을 지키는 자는 복이 있나니 때가 가까움이라 아멘

Revelation 1:3

Blessed is the one who reads the words of this prophecy, and blessed are those who hear it and take to heart what is written in it, because the time is near. Amen

2.

순종의 말씀
Words of Obedience

창세기 13장 17절

너는 일어나 그 땅을 종과 횡으로 두루 다녀 보라 내가 그것을 네게 주리라 아멘

Genesis 13:17

Go, walk through the length and breadth of the land, for I am giving it to you. Amen

창세기 22장 18절

또 네 씨로 말미암아 천하 만민이 복을 받으리니 이는 네가 나의 말을 준행하였음이니라 하셨다 하니라 아멘

Genesis 22:18

and through your offspring all nations on earth will be blessed, because you have obeyed me. Amen

출애굽기 20장 6절

나를 사랑하고 내 계명을 지키는 자에게는 천 대까지 은혜를 베푸느니라 아멘

Exodus 20:6

but showing love to a thousand generations of those who love me and keep my commandments. Amen

신명기 5장 33절

너희 하나님 여호와께서 너희에게 명령하신 모든 도를 행하라 그리하면 너희가 살 것이요 복이 너희에게 있을 것이며 너희가 차지한 땅에서 너희의 날이 길리라 아멘

Deuteronomy 5:33

Walk in obedience to all that the Lord your God has commanded you, so that you may live and prosper and prolong your days in the land that you will possess. Amen

신명기 30장 9-10절

네가 네 하나님 여호와의 말씀을 청종하여 이 율법책에 기록된 그의 명령과 규례를 지키고 네 마음을 다하며 뜻을 다하여 여호와 네 하나님께 돌아오면 네 하나님 여호와께서 네 손으로 하는 모든 일과 네 몸의 소생과 네 가축의 새끼와 네 토지 소산을 많게 하시고 네게 복을 주시되 곧 여호와께서 네 조상들을 기뻐하신 것과 같이 너를 다시 기뻐하사 네게 복을 주시리라 아멘

Deuteronomy 30:9-10

Then the LORD your God will make you most prosperous in all the work of your hands and in the fruit of your womb, the young of your livestock and the crops of your land. The LORD will again delight in you and make you prosperous, just as he delighted in your ancestors, if you obey the LORD your God and keep his commands and decrees that are written in this Book of the Law and turn to the LORD your God with all your heart and with all your soul. Amen

사무엘상 15장 22절

사무엘이 이르되 여호와께서 번제와 다른 제사를 그의 목소리를 청종하는 것을 좋아하심 같이 좋아하시겠나이까 순종이 제사보다 낫고 듣는 것이 숫양의 기름보다 나으니 아멘

1 Samuel 15:22

But Samuel replied: "Does the LORD delight in burnt offerings and sacrifices as much as in obeying the LORD? To obey is better than sacrifice, and to heed is better than the fat of rams." Amen

잠언 15장 18절

분을 쉽게 내는 자는 다툼을 일으켜도 노하기를 더디 하는 자는 시비를 그치게 하느니라 아멘

Proverbs 15:18

A hot-tempered person stirs up conflict, but the one who is patient calms a quarrel. Amen

예레미야 42장 6절

우리가 당신을 우리 하나님 여호와께 보냄은 그의 목소리가 우리에게 좋든지 좋지 않든지를 막론하고 순종하려 함이라 우리가 우리 하나님 여호와의 목소리를 순종하면 우리에게 복이 있으리이다 하니라 아멘

Jeremiah 42:6

Whether it is favorable or unfavorable, we will obey the LORD our God, to whom we are sending you, so that it will go well with us, for we will obey the LORD our God. Amen

사도행전 5장 29절

베드로와 사도들이 대답하여 이르되 사람보다 하나님께 순종하는 것이 마땅하니라 아멘

Acts 5:29

Peter and the other apostles replied: "We must obey God rather than human beings!" Amen

로마서 5장 19절

한 사람이 순종하지 아니함으로 많은 사람이 죄인 된 것 같이 한 사람이 순종하심으로 많은 사람이 의인이 되리라 아멘

Romans 5:19

For just as through the disobedience of the one man the many were made sinners, so also through the obedience of the one man the many will be made righteous. Amen

3.

예배의 말씀
Words of Worship

출애굽기 25장 2절

이스라엘 자손에게 명령하여 내게 예물을 가져오라 하고 기쁜 마음으로 내는 자가 내게 바치는 모든 것을 너희는 받을 지니라 아멘

Exodus 25:2

Tell the Israelites to bring me an offering. You are to receive the offering for me from everyone whose heart prompts them to give. Amen

레위기 23장 3절

엿새 동안은 일할 것이요 일곱째 날은 쉴 안식일이니 성회의 날이라 너희는 아무 일도 하지 말라 이는 너희가 거주하는 각처에서 지킬 여호와의 안식일이니라 아멘

Leviticus 23:3

There are six days when you may work, but the seventh day is a day of sabbath rest, a day of sacred assembly. You are not to do any work; wherever you live, it is a sabbath to the LORD. Amen

이사야 55장 6절
너희는 여호와를 만날 만한 때에 찾으라 가까이 계실 때에
그를 부르라 아멘
Isaiah 55:6
Seek the LORD while he may be found; call on him
while he is near. Amen

이사야 58장 13절
만일 안식일에 네 발을 금하여 내 성일에 오락을 행하지 아
니하고 안식일을 일컬어 즐거운 날이라, 여호와의 성일을
존귀한 날이라 하여 이를 존귀하게 여기고 네 길로 행하지
아니하며 네 오락을 구하지 아니하며 사사로운 말을 하지
아니하면 아멘
Isaiah 58:13
If you keep your feet from breaking the Sabbath and
from doing as you please on my holy day, if you
call the Sabbath a delight and the LORD's holy day
honorable, and if you honor it by not going your own
way and not doing as you please or speaking idle
words, Amen

이사야 58장 14절

네가 여호와 안에서 즐거움을 얻을 것이라 내가 너를 땅의 높은 곳에 올리고 네 조상 야곱의 기업으로 기르리라 여호와의 입의 말씀이니라 아멘

Isaiah 58:14

then you will find your joy in the LORD, and I will cause you to ride in triumph on the heights of the land and to feast on the inheritance of your father Jacob." The mouth For the LORD has spoken. Amen

호세아 6장 6절

나는 인애를 원하고 제사를 원하지 아니하며 번제보다 하나님을 아는 것을 원하노라 아멘

Hosea 6:6

For I desire mercy, not sacrifice, and acknowledgment of God rather than burnt offerings. Amen

요한복음 4장 23절

아버지께 참되게 예배하는 자들은 영과 진리로 예배할 때가 오나니 곧 이 때라 아버지께서는 자기에게 이렇게 예배하는 자들을 찾으시느니라 아멘

John 4:23

Yet a time is coming and has now come when the true worshipers will worship the Father in the Spirit and in truth, for they are the kind of worshipers the Father seeks. Amen

요한복음 4장 24절

하나님은 영이시니 예배하는 자가 영과 진리로 예배할지니라 아멘

John 4:24

God is spirit, and his worshipers must worship in the Spirit and in truth. Amen

로마서 12장 1절

그러므로 형제들아 내가 하나님의 모든 자비하심으로 너희를 권하노니 너희 몸을 하나님이 기뻐하시는 거룩한 산 제물로 드리라 이는 너희가 드릴 영적 예배니라 아멘

Romans 12:1

Therefore, I urge you, brothers and sisters, in view of God's mercy, to offer your bodies as a living sacrifice, holy and pleasing to God—this is your true and proper worship. Amen

히브리서 13장 16절

오직 선을 행함과 서로 나누어 주기를 잊지 말라 하나님은
이같은 제사를 기뻐하시느니라 아멘

Hebrews 13:16

And do not forget to do good and to share with
others, for with such sacrifices God is pleased. Amen

4.
찬송의 말씀
Words of Praise

창세기 49장 8절

유다야 너는 네 형제의 찬송이 될지라 네 손이 네 원수의 목을 잡을 것이요 네 아버지의 아들들이 네 앞에 절하리로다 아멘

Genesis 49:8

Judah, your brothers will praise you; your hand will be on the neck of your enemies; your father's sons will bow down to you. Amen

역대하 20장 21절

백성과 더불어 의논하고 노래하는 자들을 택하여 거룩한 예복을 입히고 군대 앞에서 행진하며 여호와를 찬송하여 이르기를 여호와께 감사하세 그의 인자하심이 영원하도다 하게 하였더니 아멘

2 Chronicles 20:21

After consulting the people, Jehoshaphat appointed men to sing to the LORD and to praise him for the splendor of his holiness as they went out at the head of the army, saying: "Give thanks to the LORD, for his love endures forever." Amen

시편 22편 26절

겸손한 자는 먹고 배부를 것이며 여호와를 찾는 자는 그를 찬송할 것이라 너희 마음은 영원히 살지어다 아멘

Psalm 22:26

The poor will eat and be satisfied; those who seek the LORD will praise him—may your hearts live forever! Amen

시편 42편 5절

내 영혼아 네가 어찌하여 낙심하며 어찌하여 내 속에서 불안해 하는가 너는 하나님께 소망을 두라 그가 나타나 도우심으로 말미암아 내가 여전히 찬송하리로다 아멘

Psalm 42:5

Why, my soul, are you downcast? Why so disturbed within me? Put your hope in God, for I will yet praise him, my Savior and my God. Amen

시편 68편 35절

하나님이여 위엄을 성소에서 나타내시나이다 이스라엘의 하나님은 그의 백성에게 힘과 능력을 주시나니 하나님을 찬송할지어다 아멘

Psalm 68:35

You, God, are awesome in your sanctuary; the God of Israel gives power and strength to his people. Praise be to God! Amen

시편 126편 2절

그 때에 우리 입에는 웃음이 가득하고 우리 혀에는 찬양이 찼었도다 그 때에 뭇 나라 가운데에서 말하기를 여호와께서 그들을 위하여 큰 일을 행하셨다 하였도다 아멘

Psalm 126:2

Our mouths were filled with laughter, our tongues with songs of joy. Then it was said among the nations, "The LORD has done great things for them." Amen

이사야 43장 21절

이 백성은 내가 나를 위하여 지었나니 나를 찬송하게 하려 함이니라 아멘

Isaiah 43:21

The people I formed for myself that they may proclaim my praise. Amen

이사야 61장 3절

무릇 시온에서 슬퍼하는 자에게 화관을 주어 그 재를 대신하며 기쁨의 기름으로 그 슬픔을 대신하며 찬송의 옷으로 그 근심을 대신하시고 그들이 의의 나무 곧 여호와께서 심으신 그 영광을 나타낼 자라 일컬음을 받게 하려 하심이라 아멘

Isaiah 61:3

and provide for those who grieve in Zion—to bestow on them a crown of beauty instead of ashes, the oil of joy instead of mourning, and a garment of praise instead of a spirit of despair. They will be called oaks of righteousness, a planting of the LORD for the display of his splendor. Amen

이사야 65장 14절

보라 나의 종들은 마음이 즐거우므로 노래할 것이로되 너희는 마음이 슬프므로 울며 심령이 상하므로 통곡할 것이며 아멘

Isaiah 65:14

My servants will sing out of the joy of their hearts, but you will cry out from anguish of heart and wail in brokenness of spirit. Amen

야고보서 5장 13절

너희 중에 고난 당하는 자가 있느냐 그는 기도할 것이요 즐거워하는 자가 있느냐 그는 찬송할지니라 아멘

James 5:13

Is anyone among you in trouble? Let them pray. Is anyone happy? Let them sing songs of praise. Amen

5.
감사의 말씀
Words of Thanksgiving

역대상 23장 30절

아침과 저녁마다 서서 여호와께 감사하고 찬송하며 아멘

1 Chronicles 23:30

They were also to stand every morning to thank and praise the Lord. They were to do the same in the evening. Amen

시편 30편 4절

주의 성도들아 여호와를 찬송하며 그의 거룩함을 기억하며 감사하라 아멘

Psalm 30:4

Sing the praises of the LORD, you his faithful people; praise his holy name. Amen

시편 44편 8절

우리가 종일 하나님을 자랑하였나이다 우리는 하나님의 이름에 영원히 감사하리이다 아멘

Psalm 44:8

In God we make our boast all day long, and we will praise your name forever. Amen

시편 50편 23절

감사로 제사를 드리는 자가 나를 영화롭게 하나니 그의 행위를 옳게 하는 자에게 내가 하나님의 구원을 보이리라 아멘

Psalm 50:23

Those who sacrifice thank offerings honor me, and to the blameless I will show my salvation. Amen

시편 100편 4절

감사함으로 그의 문에 들어가며 찬송함으로 그의 궁정에 들어가서 그에게 감사하며 그의 이름을 송축할지어다 아멘

Psalm 100:4

Enter his gates with thanksgiving and his courts with praise; give thanks to him and praise his name. Amen

시편 136편 13절

홍해를 가르신 이에게 감사하라 그 인자하심이 영원함이로다 아멘

Psalm 136:13

To him who divided the Red Sea asunder His love
endures forever. Amen

요나 2장 9절

나는 감사하는 목소리로 주께 제사를 드리며 나의 서원을 주
께 갚겠나이다 구원은 여호와께 속하였나이다 하니라 아멘

Jonah 2:9

But I, with shouts of grateful praise, will sacrifice to
you. What I have vowed I will make good. I will say,
'Salvation comes from the LORD.' Amen

요한복음 11장 41절

돌을 옮겨 놓으니 예수께서 눈을 들어 우러러 보시고 이르
시되 아버지여 내 말을 들으신 것을 감사하나이다 아멘

John 11:41

So they took away the stone. Then Jesus looked up
and said, "Father, I thank you that you have heard
me." Amen

고린도전서 1장 4절

그리스도 예수 안에서 너희에게 주신 하나님의 은혜로 말미
암아 내가 너희를 위하여 항상 하나님께 감사하노니 아멘

1 Corinthians 1:4

I always thank my God for you because of his grace given you in Christ Jesus. Amen

골로새서 4장 2절

기도를 계속하고 기도에 감사함으로 깨어 있으라 아멘

Colossians 4:2

Devote yourselves to prayer, being watchful and thankful. Amen

6.
헌금의 말씀
Words on Offering

출애굽기 20장 24절

내게 토단을 쌓고 그 위에 네 양과 소로 네 번제와 화목제를 드리라 내가 내 이름을 기념하게 하는 모든 곳에서 네게 임하여 복을 주리라 아멘

Exodus 20:24

Make an altar of earth for me and sacrifice on it your burnt offerings and fellowship offerings, your sheep and goats and your cattle. Wherever I cause my name to be honored, I will come to you and bless you. Amen

역대상 29장 14절

나와 내 백성이 무엇이기에 이처럼 즐거운 마음으로 드릴 힘이 있었나이까 모든 것이 주께로 말미암았사오니 우리가 주의 손에서 받은 것으로 주께 드렸을 뿐이니이다 아멘

1 Chronicles 29:14

But who am I, and who are my people, that we should be able to give as generously as this? Everything comes from you, and we have given you only what comes from your hand. Amen

잠언 11장 25절

구제를 좋아하는 자는 풍족하여질 것이요 남을 윤택하게 하는 자는 자기도 윤택하여지리라 아멘

Proverbs 11:25

A generous person will prosper; whoever refreshes others will be refreshed. Amen

에스겔 44장 30절

또 각종 처음 익은 열매와 너희 모든 예물 중에 각종 거제 제물을 다 제사장에게 돌리고 너희가 또 첫 밀가루를 제사장에게 주어 그들에게 네 집에 복이 내리도록 하게 하라 아멘

Ezekiel 44:30

The best of all the firstfruits and of all your special gifts will belong to the priests. You are to give them the first portion of your ground meal so that a blessing may rest on your household. Amen

말라기 3장 8절

사람이 어찌 하나님의 것을 도둑질하겠느냐 그러나 너희는 나의 것을 도둑질하고도 말하기를 우리가 어떻게 주의 것을 도둑질하였나이까 하는도다 이는 곧 십일조와 봉헌물이라 아멘

Malachi 3:8

Will a mere mortal rob God? Yet you rob me. "But you ask, 'How are we robbing you?' "In tithes and offerings. Amen

말라기 3장 10절

만군의 여호와가 이르노라 너희의 온전한 십일조를 창고에 들여 나의 집에 양식이 있게 하고 그것으로 나를 시험하여 내가 하늘 문을 열고 너희에게 복을 쌓을 곳이 없도록 붓지 아니하나 보라 아멘

Malachi 3:10

"Bring the whole tithe into the storehouse, that there may be food in my house. Test me in this," says the LORD Almighty, "and see if I will not throw open the floodgates of heaven and pour out so much blessing that there will not be room enough to store it. Amen

마태복음 7장 12절

그러므로 무엇이든지 남에게 대접을 받고자 하는 대로 너희도 남을 대접하라 이것이 율법이요 선지자니라 아멘

Matthew 7:12

So in everything, do to others what you would have them do to you, for this sums up the Law and the Prophets. Amen

누가복음 6장 38절

주라 그리하면 너희에게 줄 것이니 곧 후히 되어 누르고 흔들어 넘치도록 하여 너희에게 안겨 주리라 너희가 헤아리는 그 헤아림으로 너희도 헤아림을 도로 받을 것이니라 아멘

Luke 6:38

Give, and it will be given to you. A good measure, pressed down, shaken together and running over, will be poured into your lap. For with the measure you use, it will be measured to you. Amen

고린도후서 9장 6절

이것이 곧 적게 심는 자는 적게 거두고 많이 심는 자는 많이 거둔다 하는 말이로다 아멘

2 Corinthians 9:6

Remember this: Whoever sows sparingly will also reap sparingly, and whoever sows generously will also reap generously. Amen

고린도후서 9장 7절

각각 그 마음에 정한 대로 할 것이요 인색함으로나 억지로 하지 말지니 하나님은 즐겨 내는 자를 사랑하시느니라 아멘

2 Corinthians 9:7

Each of you should give what you have decided in your heart to give, not reluctantly or under compulsion, for God loves a cheerful giver. Amen

7.
가정의 말씀
Words for the Family

창세기 39장 4절

요셉이 그의 주인에게 은혜를 입어 섬기매 그가 요셉을 가
정 총무로 삼고 자기의 소유를 다 그의 손에 위탁하니 아멘

Genesis 39:4

Joseph found favor in his eyes and became his
attendant. Potiphar put him in charge of his
household, and he entrusted to his care everything he
owned. Amen

출애굽기 20장 12절

네 부모를 공경하라 그리하면 네 하나님 여호와가 네게 준
땅에서 네 생명이 길리라 아멘

Exodus 20:12

Honor your father and your mother, so that you may
live long in the land the LORD your God is giving
you. Amen

여호수아 24장 15절

만일 여호와를 섬기는 것이 너희에게 좋지 않게 보이거든 너희 조상들이 강 저쪽에서 섬기던 신들이든지 또는 너희가 거주하는 땅에 있는 아모리 족속의 신들이든지 너희가 섬길 자를 오늘 택하라 오직 나와 내 집은 여호와를 섬기겠노라 하니 아멘

Joshua 24:15

But if serving the LORD seems undesirable to you, then choose for yourselves this day whom you will serve, whether the gods your ancestors served beyond the Euphrates, or the gods of the Amorites, in whose land you are living. But as for me and my household, we will serve the LORD. Amen

룻기 1장 16절

룻이 이르되 내게 어머니를 떠나며 어머니를 따르지 말고 돌아가라 강권하지 마옵소서 어머니께서 가시는 곳에 나도 가고 어머니께서 머무시는 곳에서 나도 머물겠나이다 어머니의 백성이 나의 백성이 되고 어머니의 하나님이 나의 하나님이 되시리니 아멘

Ruth 1:16

But Ruth replied, "Don't urge me to leave you or to turn back from you. Where you go I will go, and where you stay I will stay. Your people will be my people and your God my God." Amen

역대하 32장 27절

히스기야가 부와 영광이 지극한지라 이에 은금과 보석과 향품과 방패와 온갖 보배로운 그릇들을 위하여 창고를 세우며 아멘

2 Chronicles 32:27

Hezekiah had very great riches and honor, and he made treasuries for his silver and gold and for his precious stones, spices, shields and all kinds of valuables. Amen

시편 122편 9절

여호와 우리 하나님의 집을 위하여 내가 너를 위하여 복을 구하리로다 아멘

Psalm 122:9

For the sake of the house of the LORD our God, I will seek your prosperity. Amen

시편 127편 1절

여호와께서 집을 세우지 아니하시면 세우는 자의 수고가 헛되며 여호와께서 성을 지키지 아니하시면 파수꾼의 깨어 있음이 헛되도다 아멘

Psalm 127:1

Unless the LORD builds the house, the builders labor in vain. Unless the LORD watches over the city, the guards stand watch in vain. Amen

잠언 1장 7절

여호와를 경외하는 것이 지식의 근본이거늘 미련한 자는 지혜와 훈계를 멸시하느니라 아멘

Proverbs 1:7

The fear of the LORD is the beginning of knowledge, but fools despise wisdom and instruction. Amen

갈라디아서 6장 10절

그러므로 우리는 기회 있는 대로 모든 이에게 착한 일을 하되 더욱 믿음의 가정들에게 할지니라 아멘

Galatians 6:10

Therefore, as we have opportunity, let us do good to all people, especially to those who belong to the family of believers. Amen

에베소서 6장 2-3절

네 아버지와 어머니를 공경하라 이것은 약속이 있는 첫 계
명이니 이로써 네가 잘되고 땅에서 장수하리라 아멘

Ephesians 6:2 - 3

"Honor your father and mother"—which is the first
commandment with a promise—"so that it may go
well with you and that you may enjoy long life on the
earth." Amen

8.

봉사의 말씀
Words on Service

출애굽기 14장 21절

모세가 바다 위로 손을 내밀매 여호와께서 큰 동풍이 밤새
도록 바닷물을 물러가게 하시니 물이 갈라져 바다가 마른
땅이 된지라 아멘

Exodus 14:21

Then Moses stretched out his hand over the sea,
and all that night the LORD drove the sea back with
a strong east wind and turned it into dry land. The
waters were divided. Amen

민수기 4장 14절

봉사하는 데에 쓰는 모든 기구 곧 불 옮기는 그릇들과 고기
갈고리들과 부삽들과 대야들과 제단의 모든 기구를 두고 해
달의 가죽 덮개를 그 위에 덮고 그 채를 꿸 것이며 아멘

Numbers 4:14

Then they are to place on it all the utensils used for minister-
ing at the altar, ncluding the firepans, meat forks, shovels and

sprinkling bowls. Over it they are to spread a covering
of the durable leather and put the poles in place. Amen

민수기 7장 5절

그것을 그들에게서 받아 레위인에게 주어 각기 직임대로 회
막 봉사에 쓰게 할지니라 아멘

Numbers 7:5

"Accept these from them, that they may be used in the
work at the tent of meeting. Give them to the Levites
as each man's work requires." Amen

민수기 8장 19절

내가 이스라엘 자손 중에서 레위인을 취하여 그들을 아론과
그의 아들들에게 주어 그들로 회막에서 이스라엘 자손을 대
신하여 봉사하게 하며 또 이스라엘 자손을 위하여 속죄하게
하였나니 이는 이스라엘 자손이 성소에 가까이 할 때에 그
들 중에 재앙이 없게 하려 하였음이니라 아멘

Numbers 8:19

From among all the Israelites, I have given the Levites
as gifts to Aaron and his sons to do the work at the
tent of meeting on behalf of the Israelites and to make
atonement for them so that no plague will strike the
Israelites when they go near the sanctuary. Amen

민수기 16장 9절

이스라엘의 하나님이 이스라엘 회중에서 너희를 구별하여 자기에게 가까이 하게 하사 여호와의 성막에서 봉사하게 하시며 회중 앞에 서서 그들을 대신하여 섬기게 하심이 너희에게 작은 일이겠느냐 아멘

Numbers 16:9

Isn't it enough for you that the God of Israel has separated you from the rest of the Israelite community and brought you near himself to do the work at the LORD's tabernacle and to stand before the community and minister to them? Amen

사도행전 1장 25절

봉사와 및 사도의 직무를 대신할 자인지를 보이시옵소서 유다는 이 직무를 버리고 제 곳으로 갔나이다 하고 아멘

Acts 1:25

to take over this apostolic ministry, which Judas left to go where he belongs. Amen

고린도후서 9장 12절

이 봉사의 직무가 성도들의 부족한 것을 보충할 뿐 아니라 사람들이 하나님께 드리는 많은 감사로 말미암아 넘쳤느니라 아멘

2 Corinthians 9:12

This service that you perform is not only supplying the needs of the Lord's people but is also overflowing in many expressions of thanks to God. Amen

에베소서 4장 12절

이는 성도를 온전하게 하여 봉사의 일을 하게 하며 그리스도의 몸을 세우려 하심이라 아멘

Ephesians 4:12

to equip his people for works of service, so that the body of Christ may be built up. Amen

빌립보서 3장 3절

하나님의 성령으로 봉사하며 그리스도 예수로 자랑하고 육체를 신뢰하지 아니하는 우리가 곧 할례파라 아멘

Philippians 3:3

For it is we who are the circumcision, we who serve God by his Spirit, who boast in Christ Jesus, and who put no confidence in the flesh. Amen

베드로전서 4장 10절

각각 은사를 받은 대로 하나님의 여러 가지 은혜를 맡은 선한 청지기 같이 서로 봉사하라 아멘

1 Peter 4:10

Each of you should use whatever gift you have
received to serve others, as faithful stewards of God's
grace in its various forms. Amen

베드로전서 4장 11절

만일 누가 말하려면 하나님의 말씀을 하는 것 같이 하고 누
가 봉사하려면 하나님이 공급하시는 힘으로 하는 것 같이
하라 이는 범사에 예수 그리스도로 말미암아 하나님이 영광
을 받으시게 하려 함이니 그에게 영광과 권능이 세세에 무
궁하도록 있느니라 아멘

1 Peter 4:11

If anyone speaks, they should do so as one who
speaks the very words of God. If anyone serves, they
should do so with the strength God provides, so that
in all things God may be praised through Jesus Christ.
To him be the glory and the power for ever and ever.
Amen

9.
능력의 말씀
Words of Power

출애굽기 9장 16절

내가 너를 세웠음은 나의 능력을 네게 보이고 내 이름이 온 천하에 전파되게 하려 하였음이니라 아멘

Exodus 9:16

But I have raised you up for this very purpose, that I might show you my power and that my name might be proclaimed in all the earth. Amen

출애굽기 14장 21절

모세가 바다 위로 손을 내밀매 여호와께서 큰 동풍이 밤새도록 바닷물을 물러가게 하시니 물이 갈라져 바다가 마른 땅이 된지라 아멘

Exodus 14:21

Then Moses stretched out his hand over the sea, and all that night the LORD drove the sea back with a strong east wind and turned it into dry land. The waters were divided. Amen

사무엘하 8장 14절

다윗이 에돔에 수비대를 두되 온 에돔에 수비대를 두니 에돔 사람이 다 다윗의 종이 되니라 다윗이 어디로 가든지 여호와께서 이기게 하셨더라 아멘

2 Samuel 8:14

He put garrisons throughout Edom, and all the Edomites became subject to David. The LORD gave David victory wherever he went. Amen

열왕기상 18장 46절

여호와의 능력이 엘리야에게 임하매 그가 허리를 동이고 이스르엘로 들어가는 곳까지 아합 앞에서 달려갔더라 아멘

1 Kings 18:46

The power of the LORD came on Elijah and, tucking his cloak into his belt, he ran ahead of Ahab all the way to Jezreel. Amen

역대상 29장 12절

부와 귀가 주께로 말미암고 또 주는 만물의 주재가 되사 손에 권세와 능력이 있사오니 모든 사람을 크게 하심과 강하게 하심이 주의 손에 있나이다 아멘

1 Chronicles 29:12

Wealth and honor come from you; you are the ruler

of all things. In your hands are strength and power to exalt and give strength to all. Amen

요한복음 1장 12절

영접하는 자 곧 그 이름을 믿는 자들에게는 하나님의 자녀가 되는 권세를 주셨으니 아멘

John 1:12

Yet to all who did receive him, to those who believed in his name, he gave the right to become children of God. Amen

고린도전서 4장 20절

하나님의 나라는 말에 있지 아니하고 오직 능력에 있음이라 아멘

1 Corinthians 4:20

For the kingdom of God is not a matter of talk but of power. Amen

고린도후서 10장 4절

우리의 싸우는 무기는 육신에 속한 것이 아니요 오직 어떤 견고한 진도 무너뜨리는 하나님의 능력이라 모든 이론을 무너뜨리며 아멘

2 Corinthians 10:4

The weapons we fight with are not the weapons of the world. On the contrary, they have divine power to demolish strongholds. Amen

고린도후서 12장 9절

나에게 이르시기를 내 은혜가 네게 족하도다 이는 내 능력이 약한 데서 온전하여짐이라 하신지라 그러므로 도리어 크게 기뻐함으로 나의 여러 약한 것들에 대하여 자랑하리니 이는 그리스도의 능력이 내게 머물게 하려 함이라 아멘

2 Corinthians 12:9

But he said to me, "My grace is sufficient for you, for my power is made perfect in weakness." Therefore I will boast all the more gladly about my weaknesses, so that Christ's power may rest on me. Amen

빌립보서 4장 13절

내게 능력 주시는 자 안에서 내가 모든 것을 할 수 있느니라 아멘

Philippians 4:13

I can do all this through him who gives me strength. Amen

10.
기쁨의 말씀
Words of Joy

신명기 16장 15절

네 하나님 여호와께서 택하신 곳에서 너는 이레 동안 네 하나님 여호와 앞에서 절기를 지키고 네 하나님 여호와께서 네 모든 소출과 네 손으로 행한 모든 일에 복 주실 것이니 너는 온전히 즐거워할지니라 아멘

Deuteronomy 16:15

For seven days celebrate the festival to the Lord your God at the place the Lord will choose. For the Lord your God will bless you in all your harvest and in all the work of your hands, and your joy will be complete. Amen

에스더 9장 22절

이 달 이 날에 유다인들이 대적에게서 벗어나서 평안함을 얻어 슬픔이 변하여 기쁨이 되고 애통이 변하여 길한 날이 되었으니 이 두 날을 지켜 잔치를 베풀고 즐기며 서로 예물을 주며 가난한 자를 구제하라 하매 아멘

Esther 9:22

As the time when the Jews got relief from their enemies, and as the month when their sorrow was turned into joy and their mourning into a day of celebration. He wrote them to observe the days as days of feasting and joy and giving presents of food to one another and gifts to the poor. Amen

시편 4편 7절

주께서 내 마음에 두신 기쁨은 그들의 곡식과 새 포도주가 풍성할 때보다 더하나이다 아멘

Psalm 4:7

Fill my heart with joy when their grain and new wine abound. Amen

시편 16편 11절

주께서 생명의 길을 내게 보이시리니 주의 앞에는 충만한 기쁨이 있고 주의 오른쪽에는 영원한 즐거움이 있나이다 아멘

Psalm 16:11

You make known to me the path of life; you will fill me with joy in your presence, with eternal pleasures at your right hand. Amen

시편 40편 16절

주를 찾는 자는 다 주 안에서 즐거워하고 기뻐하게 하시며 주의 구원을 사랑하는 자는 항상 말하기를 여호와는 위대하시다 하게 하소서 아멘

Psalm 40:16

But may all who seek you rejoice and be glad in you ; may those who long for your saving help always say, "The Lord is great !" Amen

시편 126편 5절

눈물을 흘리며 씨를 뿌리는 자는 기쁨으로 거두리로다 아멘

Psalm 126:5

Those who sow with tears will reap with songs of joy. Amen

하박국 3장 18절

나는 여호와로 말미암아 즐거워하며 나의 구원의 하나님으로 말미암아 기뻐하리로다 아멘

Habakkuk 3:18

Yet I will rejoice in the LORD, I will be joyful in God my Savior. Amen

로마서 15장 2절

우리 각 사람이 이웃을 기쁘게 하되 선을 이루고 덕을 세우
도록 할지니라 아멘

Romans 15:2

Each of us should please our neighbors for their
good, to build them up. Amen

빌립보서 4장 4절

주 안에서 항상 기뻐하라 내가 다시 말하노니 기뻐하라 아멘

Philippians 4:4

Rejoice in the Lord always. I will say it again: Rejoice!
Amen

히브리서 13장 16절

오직 선을 행함과 서로 나누어 주기를 잊지 말라 하나님은
이같은 제사를 기뻐하시느니라 아멘

Hebrews 13:16

And do not forget to do good and to share with
others, for with such sacrifices God is pleased. Amen

II.

소망의 말씀
Words of Hope

11.
소망의 말씀
Words of Hope

시편 42편 11절

내 영혼아 네가 어찌하여 낙심하며 어찌하여 내 속에서 불안해 하는가 너는 하나님께 소망을 두라 그가 나타나 도우심으로 말미암아 내가 하나님을 여전히 찬송하리로다 아멘

Psalm 42:11

Why, my soul, are you downcast? Why so disturbed within me? Put your hope in God, for I will yet praise him, my Savior and my God. Amen

시편 71편 14절

나는 항상 소망을 품고 주를 더욱더욱 찬송하리이다 아멘

Psalm 71:14

As for me, I will always have hope; I will praise you more and more. Amen

시편 146편 5절

야곱의 하나님을 자기의 도움으로 삼으며 여호와 자기 하나님에게 자기의 소망을 두는 자는 복이 있도다 아멘

Psalm 146:5

Blessed are those whose help is the God of Jacob, whose hope is in the LORD their God. Amen

잠언 24장 14절

지혜가 네 영혼에게 이와 같은 줄을 알라 이것을 얻으면 정녕히 네 장래가 있겠고 네 소망이 끊어지지 아니하리라 아멘

Proverbs 24:14

Know also that wisdom is like honey for you: If you find it, there is a future hope for you, and your hope will not be cut off. Amen

예레미야 31장 17절

너의 장래에 소망이 있을지어다 너의 자녀가 자기들의 지경으로 돌아오리라 여호와의 말씀이니라 아멘

Jeremiah 31:17

So there is hope for your descendants," declares the LORD. "Your children will return to their own land. Amen

로마서 5장 5절

소망이 우리를 부끄럽게 하지 아니함은 우리에게 주신 성령으로 말미암아 하나님의 사랑이 우리 마음에 부은 바 됨이니 아멘

Romans 5:5

And hope does not put us to shame, because God's love has been poured out into our hearts through the Holy Spirit, who has been given to us. Amen

로마서 15장 13절

소망의 하나님이 모든 기쁨과 평강을 믿음 안에서 너희에게 충만하게 하사 성령의 능력으로 소망이 넘치게 하시기를 원하노라 아멘

Romans 15:13

May the God of hope fill you with all joy and peace as you trust in him, so that you may overflow with hope by the power of the Holy Spirit. Amen

에베소서 1장 18절

너희 마음의 눈을 밝히사 그의 부르심의 소망이 무엇이며 성도 안에서 그 기업의 영광의 풍성함이 무엇이며 아멘

Ephesians 1:18

I pray that the eyes of your heart may be enlightened

in order that you may know the hope to which he has called you, the riches of his glorious inheritance in his holy people, Amen

빌립보서 1장 20절

나의 간절한 기대와 소망을 따라 아무 일에든지 부끄러워하지 아니하고 지금도 전과 같이 온전히 담대하여 살든지 죽든지 내 몸에서 그리스도가 존귀하게 되게 하려 하나니 아멘

Philippians 1:20

I eagerly expect and hope that I will in no way be ashamed, but will have sufficient courage so that now as always Christ will be exalted in my body, whether by life or by death. Amen

데살로니가전서 1장 3절

너희의 믿음의 역사와 사랑의 수고와 우리 주 예수 그리스도에 대한 소망의 인내를 우리 하나님 아버지 앞에서 끊임없이 기억함이니 아멘

1 Thessalonians 1:3

We remember before our God and Father your work produced by faith, your labor prompted by love, and your endurance inspired by hope in our Lord Jesus Christ. Amen

12.

복음의 말씀
Words of the Gospel

마태복음 11장 28절

수고하고 무거운 짐 진 자들아 다 내게로 오라 내가 너희를
쉬게 하리라 아멘

Matthew 11:28

Come to me, all you who are weary and burdened,
and I will give you rest. Amen

마가복음 1장 15절

가라사대 때가 찼고 하나님 나라가 가까웠으니 회개하고 복
음을 믿으라 하시더라 아멘

Mark 1:15

"The time has come," he said. "The kingdom of God
has come near. Repent and believe the good news!"
Amen

마가복음 8장 35절

누구든지 자기 목숨을 구원하고자 하면 잃을 것이요 누구든지 나와 복음을 위하여 자기 목숨을 잃으면 구원하리라 아멘

Mark 8:35

For whoever wants to save their life will lose it, but whoever loses their life for me and for the gospel will save it. Amen

마가복음 16장 15절

또 이르시되 너희는 온 천하에 다니며 만민에게 복음을 전파하라 아멘

Mark 16:15

He said to them, "Go into all the world and preach the gospel to all creation. Amen

로마서 1장 16절

내가 복음을 부끄러워하지 아니하노니 이 복음은 모든 믿는 자에게 구원을 주시는 하나님의 능력이 됨이라 먼저는 유대인에게요 그리고 헬라인에게로다 아멘

Romans 1:16

I am not ashamed of the gospel, because it is the power of God that brings salvation of everyone who believes: first for the Jew, then to the Gentile. Amen

로마서 1장 17절

복음에는 하나님의 의가 나타나서 믿음으로 믿음에 이르게 하나니 기록된 바 오직 의인은 믿음으로 말미암아 살리라 함과 같으니라 아멘

Romans 1:17

For in the gospel a righteousness of God is revealed-a righteousness that is by faith from first to last, just as it is written: "The righteous will live by faith." Amen

고린도전서 1장 17절

그리스도께서 나를 보내심은 세례를 주게 하려 하심이 아니요 오직 복음을 전하게 하려 하심이로되 말의 지혜로 하지 아니함은 그리스도의 십자가가 헛되지 않게 하려 함이라 아멘

1 Corinthians 1:17

For Christ did not send me to baptize, but to preach the gospel—not with wisdom and eloquence, lest the cross of Christ be emptied of its power. Amen

고린도전서 9장 16절

내가 복음을 전할지라도 자랑할 것이 없음은 내가 부득불 할 일임이라 만일 복음을 전하지 아니하면 내게 화가 있을 것이로다 아멘

1 Corinthians 9:16

for when I preach the gospel, I cannot boast, since I am compelled to preach. Woe to me if I do not preach the gospel! Amen

디모데후서 2장 9절

복음을 인하여 내가 죄인과 같이 매이는 데까지 고난을 받았으나 하나님의 말씀은 매이지 아니하니라 아멘

2 Timothy 2:9

for which I am suffering even to the point of being chained like a criminal. But God's word is not chained. Amen

요한계시록 14장 6절

또 보니 다른 천사가 공중에 날아가는데 땅에 거주하는 자들 곧 모든 민족과 족속과 방언과 백성에게 전할 영원한 복음을 가졌더라 아멘

Revelation 14:6

Then I saw another angel flying in midair, and he had the eternal gospel to proclaim to those who live on the earth—to every nation, tribe, language and people. Amen

13.

전도의 말씀
Words on Evangelism

다니엘 12장 3절

지혜 있는 자는 궁창의 빛과 같이 빛날 것이요 많은 사람을
옳은 데로 돌아오게 한 자는 별과 같이 영원토록 빛나리라
아멘

Daniel 12:3

Those who are wise will shine like the brightness
of the heavens, and those who lead many to
righteousness, like the stars for ever and ever. Amen

누가복음 4장 44절

갈릴리 여러 회당에서 전도하시더라 아멘

Luke 4:44

And he kept on preaching in the synagogues of
Judea. Amen

누가복음 14장 23절

주인이 종에게 이르되 길과 산울타리가로 나가서 사람을 강권하여 데려다가 내 집을 채우라 아멘

Luke 14:23

Then the master told his servant, 'Go out to the roads and country lanes and compel them to come in, so that my house will be full.' Amen

누가복음 19장 10절

인자가 온 것은 잃어버린 자를 찾아 구원하려 함이니라 아멘

Luke 19:10

For the Son of Man came to seek and to save the lost. Amen

고린도전서 1장 21절

하나님의 지혜에 있어서는 이 세상이 자기 지혜로 하나님을 알지 못하므로 하나님께서 전도의 미련한 것으로 믿는 자들을 구원하시기를 기뻐하셨도다 아멘

1 Corinthians 1:21

For since in the wisdom of God the world through its wisdom did not know him, God was pleased through the foolishness of what was preached to save those who believe. Amen

고린도전서 3장 7절

그런즉 심는 이나 물 주는 이는 아무 것도 아니로되 오직 자라게 하시는 이는 하나님뿐이니라 아멘

1 Corinthians 3:7

So neither the one who plants nor the one who waters is anything, but only God, who makes things grow. Amen

디모데전서 2장 4절

하나님은 모든 사람이 구원을 받으며 진리를 아는 데에 이르기를 원하시느니라 아멘

1 Timothy 2:4

who wants all people to be saved and to come to a knowledge of the truth. Amen

베드로전서 3장 18절

그리스도께서도 한번 죄를 위하여 죽으사 의인으로서 불의한 자를 대신하셨으니 이는 우리를 하나님 앞으로 인도하려 하심이라 육체로는 죽임을 당하시고 영으로는 살리심을 받으셨으니 아멘

1 Peter 3:18

For Christ also suffered once for sins, the righteous for the unrighteous, to bring you to God. He was put to death in the body but made alive in the Spirit. Amen

요한일서 5장 12절

아들이 있는 자에게는 생명이 있고 하나님의 아들이 없는 자에게는 생명이 없느니라 아멘

1 John 5:12

Whoever has the Son has life; whoever does not have the Son of God does not have life. Amen

요한계시록 3장 20절

볼지어다 내가 문 밖에 서서 두드리노니 누구든지 내 음성을 듣고 문을 열면 내가 그에게로 들어가 그와 더불어 먹고 그는 나와 더불어 먹으리라 아멘

Revelation 3:20

Here I am! I stand at the door and knock. If anyone hears my voice and opens the door, I will come in and eat with that person, and they with me. Amen

14.
평안의 말씀
Words of Peace

욥기 22장 21절

너는 하나님과 화목하고 평안하라 그리하면 복이 네게 임하리라 아멘

Job 22:21

Submit to God and be at peace with him; in this way prosperity will come to you. Amen

시편 119편 165절

주의 법을 사랑하는 자에게는 큰 평안이 있으니 그들에게 장애물이 없으리이다 아멘

Psalm 119:165

Great peace have those who love your law, and nothing can make them stumble. Amen

이사야 26장 3절

주께서 심지가 견고한 자를 평강하고 평강하도록 지키시리니 이는 그가 주를 신뢰함이니이다 아멘

Isaiah 26:3

You will keep in perfect peace those whose minds are steadfast, because they trust in you. Amen

예레미야 29장 11절

여호와의 말씀이니라 너희를 향한 나의 생각을 내가 아나니 평안이요 재앙이 아니니라 너희에게 미래와 희망을 주는 것이니라 아멘

Jeremiah 29:11

For I know the plans I have for you," declares the LORD, "plans to prosper you and not to harm you, plans to give you a hope and a future. Amen

다니엘 10장 19절

이르되 큰 은총을 받은 사람이여 두려워하지 말라 평안하라 강건하라 강건하라 그가 이같이 내게 말하매 내가 곧 힘이 나서 이르되 내 주께서 나를 강건하게 하셨사오니 **말씀하옵소서 아멘**

Daniel 10:19

"Do not be afraid, you who are highly esteemed," he said. "Peace! Be strong now; be strong." When he spoke to me, I was strengthened and said, "Speak, my lord, since you have given me strength." Amen

학개 2장 9절

이 성전의 나중 영광이 이전 영광보다 크리라 만군의 여호와의 말이니라 내가 이 곳에 평강을 주리라 만군의 여호와의 말이니라 아멘

Haggai 2:9

'The glory of this present house will be greater than the glory of the former house,' says the LORD Almighty. 'And in this place I will grant peace,' declares the LORD Almighty. Amen

마가복음 6장 50절

그들이 다 예수를 보고 놀람이라 이에 예수께서 곧 그들에게 말씀하여 이르시되 안심하라 내니 두려워하지 말라 하시고 아멘

Mark 6:50

because They all saw him and were terrified. Immediately he spoke to them and said, "Take courage! It is I. Don't be afraid." Amen

요한복음 14장 27절

평안을 너희에게 끼치노니 곧 나의 평안을 너희에게 주노라 내가 너희에게 주는 것은 세상이 주는 것과 같지 아니하니라 너희는 마음에 근심하지도 말고 두려워하지도 말라 아멘

John 14:27

Peace I leave with you ; my peace I give you . I do not
give to you as the world gives . Do not let your hearts
be troubled and do not be afraid . Amen

골로새서 3장 15절

그리스도의 평강이 너희 마음을 주장하게 하라 너희는 평강
을 위하여 한 몸으로 부르심을 받았나니 너희는 또한 감사
하는 자가 되라 아멘

Colossians 3:15

Let the peace of Christ rule in your hearts , since as
members of one body you were called to peace . And
be thankful . Amen

데살로니가후서 3장 16절

평강의 주께서 친히 때마다 일마다 너희에게 평강을 주시고
주께서 너희 모든 사람과 함께 하시기를 원하노라 아멘

2 Thessalonians 3:16

Now may the Lord of peace himself give you peace
at all times and in every way . The Lord be with all of
you . Amen

15.

인도의 말씀
Words of Guidance

출애굽기 13장 21절

여호와께서 그들 앞에서 가시며 낮에는 구름 기둥으로 그들의 길을 인도하시고 밤에는 불 기둥을 그들에게 비추사 낮이나 밤이나 진행하게 하시니 아멘

Exodus 13:21

By day the LORD went ahead of them in a pillar of cloud to guide them on their way and by night in a pillar of fire to give them light, so that they could travel by day or night. Amen

신명기 31장 6절

너희는 강하고 담대하라 두려워하지 말라 그들 앞에서 떨지 말라 이는 네 하나님 여호와 그가 너와 함께 가시며 결코 너를 떠나지 아니하시며 버리지 아니하실 것임이라 하고 아멘

Deuteronomy 31:6

Be strong and courageous. Do not be afraid or terrified because of them, for the LORD your God goes with you ; he will never leave you nor forsake you . Amen

사무엘하 22장 33절

하나님은 나의 견고한 요새시며 나를 안전한 곳으로 인도하시며 아멘

2 Samuel 22:33

It is God who arms me with strength and keeps my way secure . Amen

욥기 23장 10절

그러나 내가 가는 길을 그가 아시나니 그가 나를 단련하신 후에는 내가 순금 같이 되어 나오리라 아멘

Job 23:10

But he knows the way that I take ; when he has tested me , I will come forth as gold . Amen

시편 23편 2절

그가 나를 푸른 풀밭에 누이시며 쉴 만한 물 가로 인도하시는도다 아멘

Psalm 23:2

He makes me lie down in green pastures, he leads me beside quiet waters , Amen

잠언 3장 5절

너는 마음을 다하여 여호와를 신뢰하고 네 명철을 의지하지
말라 아멘

Proverbs 3:5

Trust in the LORD with all your heart and lean not on
your own understanding. Amen

잠언 16장 9절

사람이 마음으로 자기의 길을 계획할지라도 그의 걸음을 인
도하시는 이는 여호와시니라 아멘

Proverbs 16:9

In their hearts humans plan their course, but the
LORD establishes their steps. Amen

잠언 19장 21절

사람의 마음에는 많은 계획이 있어도 오직 여호와의 뜻만이
완전히 서리라 아멘

Proverbs 19:21

Many are the plans in a person's heart, but it is the
LORD's purpose that prevails. Amen

이사야 41장 10절

두려워하지 말라 내가 너와 함께 함이라 놀라지 말라 나는
네 하나님이 됨이라 내가 너를 굳세게 하리라 참으로 너를
도와 주리라 참으로 나의 의로운 오른손으로 너를 붙들리라
아멘

Isaiah 41:10

So do not fear, for I am with you; do not be
dismayed, for I am your God. I will strengthen you
and help you; I will uphold you with my righteous
right hand. Amen

이사야 58장 11절

여호와가 너를 항상 인도하여 메마른 곳에서도 네 영혼을
만족하게 하며 네 뼈를 견고하게 하리니 너는 물 댄 동산 같
겠고 물이 끊어지지 아니하는 샘 같을 것이라 아멘

Isaiah 58:11

The LORD will guide you always; he will satisfy your
needs in a sun-scorched land and will strengthen
your frame. You will be like a well-watered garden,
like a spring whose waters never fail. Amen

16.
갑절의 말씀
Words of Double Portion

창세기 26장 12절

이삭이 그 땅에서 농사하여 그 해에 백 배나 얻었고 여호와께서 복을 주시므로 아멘

Genesis 26:12

Isaac planted crops in that land and the same year reaped a hundredfold, because the LORD blessed him. Amen

창세기 26장 13절

그 사람이 창대하고 왕성하여 마침내 거부가 되어 아멘

Genesis 26:13

The man became rich, and his wealth continued to grow until he became very wealthy. Amen

열왕기하 2장 9절

건너매 엘리야가 엘리사에게 이르되 나를 네게서 데려감을 당하기 전에 내가 네게 어떻게 할지를 구하라 엘리사가 이

르되 당신의 성령이 하시는 역사가 갑절이나 내게 있게 하
소서 하는지라 아멘

2 Kings 2:9

When they had crossed, Elijah said to Elisha, "Tell
me, what can I do for you before I am taken from
you?" "Let me inherit a double portion of your spirit,"
Elisha replied. Amen

욥기 42장 10절

욥이 그의 친구들을 위하여 기도할 때 여호와께서 욥의 곤
경을 돌이키시고 여호와께서 욥에게 이전 모든 소유보다 갑
절이나 주신지라 아멘

Job 42:10

After Job had prayed for his friends, the LORD
restored his fortunes and gave him twice as much as
he had before. Amen

이사야 61장 7절

너희가 수치 대신에 보상을 배나 얻으며 능욕 대신에 몫으
로 말미암아 즐거워할 것이라 그리하여 그들의 땅에서 갑절
이나 얻고 영원한 기쁨이 있으리라 아멘

Isaiah 61:7

Instead of your shame you will receive a double portion, and instead of disgrace you will rejoice in your inheritance. And so you will inherit a double portion in your land, and everlasting joy will be yours. Amen

에스겔 47장 9절

이 강물이 이르는 곳마다 번성하는 모든 생물이 살고 또 고기가 심히 많으리니 이 물이 흘러 들어가므로 바닷물이 되살아나겠고 이 강이 이르는 각처에 모든 것이 살 것이며 아멘

Ezekiel 47:9

Swarms of living creatures will live wherever the river flows. There will be large numbers of fish, because this water flows there and makes the salt water fresh; so where the river flows everything will live. Amen

에스겔 47장 12절

강 좌우 가에는 각종 먹을 과실나무가 자라서 그 잎이 시들지 아니하며 열매가 끊이지 아니하고 달마다 새 열매를 맺으리니 그 물이 성소를 통하여 나옴이라 그 열매는 먹을 만하고 그 잎사귀는 약 재료가 되리라 아멘

Ezekiel 47:12

Fruit trees of all kinds will grow on both banks of the river. Their leaves will not wither, nor will their fruit fail. Every month they will bear fruit, because the water from the sanctuary flows to them. Their fruit will serve for food and their leaves for healing. Amen

학개 2장 19절

곡식 종자가 아직도 창고에 있느냐 포도나무, 무화과나무, 석류나무, 감람나무에 열매가 맺지 못하였느니라 그러나 오늘부터는 내가 너희에게 복을 주리라 아멘

Haggai 2:19

Is there yet any seed left in the barn? Until now, the vine and the fig tree, the pomegranate and the olive tree have not borne fruit. "From this day on I will bless you.'" Amen

마태복음 6장 3-4절

너는 구제할 때에 오른손이 하는 것을 왼손이 모르게 하여 네 구제함을 은밀하게 하라 은밀한 중에 보시는 너의 아버지께서 갚으시리라 아멘

Matthew 6:3-4

But when you give to the needy, do not let your left
hand know what your right hand is doing, so that
your giving may be in secret. Then your Father, who
sees what is done in secret, will reward you. Amen

요한복음 14장 12절
내가 진실로 진실로 너희에게 이르노니 나를 믿는 자는 내
가 하는 일을 그도 할 것이요 또한 그보다 큰 일도 하리니
이는 내가 아버지께로 감이라 아멘
John 14:12

Very truly I tell you, whoever believes in me will
do the works I have been doing, and they will do
even greater things than these, because I am going
to the Father. Amen

17.
풍족의 말씀
Words of Abundance

시편 34편 10절

젊은 사자는 궁핍하여 주릴지라도 여호와를 찾는 자는 모든
좋은 것에 부족함이 없으리로다 아멘

Psalm 34:10

The lions may grow weak and hungry, but those who
seek the LORD lack no good thing. Amen

시편 37편 19절

그들은 환난 때에 부끄러움을 당하지 아니하며 기근의 날에
도 풍족할 것이나 아멘

Psalm 37:19

In times of disaster they will not wither; in days of
famine they will enjoy plenty. Amen

시편 107편 9절

그가 사모하는 영혼에게 만족을 주시며 주린 영혼에게 좋은
것으로 채워주심이로다 아멘

Psalm 107:9

For he satisfies the thirsty and fills the hungry with good things. Amen

잠언 3장 10절

그리하면 네 창고가 가득히 차고 네 포도즙 틀에 새 포도즙이 넘치리라 아멘

Proverbs 3:10

Then your barns will be filled to overflowing, and your vats will brim over with new wine. Amen

요엘 2장 26절

너희는 먹되 풍족히 먹고 너희에게 놀라운 일을 행하신 너희 하나님 여호와의 이름을 찬송할 것이라 내 백성이 영원히 수치를 당하지 아니하리로다 아멘

Joel 2:26

You will have plenty to eat, until you are full, and you will praise the name of the LORD your God, who has worked wonders for you; never again will my people be shamed. Amen

스가랴 1장 17절

그가 다시 외쳐 이르기를 만군의 여호와의 말씀에 나의 성

읍들이 넘치도록 다시 풍부할 것이라 여호와가 다시 시온을
위로하며 다시 예루살렘을 택하리라 하라 하니라 아멘
Zechariah 1:17
Proclaim further: This is what the LORD Almighty
says: "My towns will again overflow with prosperity,
and the LORD will again comfort Zion and choose
Jerusalem." Amen

요한복음 10장 10절
도둑이 오는 것은 도둑질하고 죽이고 멸망시키려는 것뿐이
요 내가 온 것은 양으로 생명을 얻게 하고 더 풍성히 얻게
하려는 것이라 아멘
John 10:10
The thief comes only to steal and kill and destroy; I
have come that they may have life, and have it to the
full. Amen

고린도전서 14장 12절
그러므로 너희도 영적인 것을 사모하는 자인즉 교회의 덕을
세우기 위하여 그것이 풍성하기를 구하라 아멘
1 Corinthians 14:12
So it is with you. Since you are eager for gifts of the Spirit,
try to excel in those that build up the church. Amen

빌립보서 4장 18절

내게는 모든 것이 있고 또 풍부한지라 에바브로디도 편에
너희가 준 것을 받으므로 내가 풍족하니 이는 받으실 만한
향기로운 제물이요 하나님을 기쁘시게 한 것이라 아멘

Philippians 4:18

I have received full payment and have more than
enough. I am amply supplied, now that I have
received from Epaphroditus the gifts you sent.
They are a fragrant offering, an acceptable sacrifice,
pleasing to God. Amen

빌립보서 4장 19절

나의 하나님이 그리스도 예수 안에서 영광 가운데 그 풍성
한 대로 너희 모든 쓸 것을 채우시리라 아멘

Philippians 4:19

And my God will meet all your needs according to the
riches of his glory in Christ Jesus. Amen

18.

형통의 말씀
Words of Prosperity

창세기 39장 3절

그의 주인이 여호와께서 그와 함께 하심을 보며 또 여호와께서 그의 범사에 형통하게 하심을 보았더라 아멘

Genesis 39:3

When his master saw that the Lord was with him and that the Lord gave him success in everything he did. Amen

여호수아 1장 7절

오직 강하고 극히 담대하여 나의 종 모세가 네게 명령한 그 율법을 다 지켜 행하고 우로나 좌로나 치우치지 말라 그리하면 어디로 가든지 형통하리니 아멘

Joshua 1:7

Be strong and very courageous. Be careful to obey all the law my servant Moses gave you; do not turn from it to the right or to the left, that you may be successful wherever you go. Amen

여호수아 1장 8절

이 율법책을 네 입에서 떠나지 말게 하며 주야로 그것을 묵상하여 그 안에 기록된 대로 다 지켜 행하라 그리하면 네 길이 평탄하게 될 것이며 네가 형통하리라 아멘

Joshua 1:8

keep this Book of the Law always on your lips; meditate on it day and night, so that you may be careful to do everything written in it. Then you will be prosperous and successful. Amen

열왕기상 2장 3절

네 하나님 여호와의 명령을 지켜 그 길로 행하여 그 법률과 계명과 율례와 증거를 모세의 율법에 기록된 대로 지키라 그리하면 네가 무엇을 하든지 어디로 가든지 형통할지라 아멘

1 Kings 2:3

and observe what the LORD your God requires: Walk in obedience to him, and keep his decrees and commands, his laws and regulations, as written in the Law of Moses. Do this so that you may prosper in all you do and wherever you go. Amen

시편 1편 3절

그는 시냇가에 심은 나무가 철을 따라 열매를 맺으며 그 잎 사귀가 마르지 아니함 같으니 그가 하는 모든 일이 다 형통 하리로다 아멘

Psalm 1:3

That person like a tree planted by streams of water, which yields its fruit in season and whose leaf does not wither—whatever they prospers. Amen

시편 30편 6절

내가 형통할 때에 말하기를 영원히 흔들리지 아니하리라 하였도다 아멘

Psalm 30:6

When I felt secure, I said, "I will never be shaken." Amen

시편 37편 7절

여호와 앞에 잠잠하고 참고 기다리라 자기 길이 형통하며 악한 꾀를 이루는 자 때문에 불평하지 말지어다 아멘

Psalm 37:7

Be still before the LORD and wait patiently for him; do not fret when people succeed in their ways, when they carry out their wicked schemes. Amen

시편 106편 5절

내가 주의 택하신 자가 형통함을 보고 주의 나라의 기쁨을 나누어 가지게 하사 주의 유산을 자랑하게 하소서 아멘

Psalm 106:5

That I may enjoy the prosperity of your chosen ones, that I may share in the joy of your nation and join your inheritance in giving praise. Amen

시편 118편 25절

여호와여 구하옵나니 이제 구원하소서 여호와여 우리가 구하옵나니 이제 형통하게 하소서 아멘

Psalm 118:25

LORD, save us! LORD, grant us success! Amen

이사야 48장 15절

나 곧 내가 말하였고 또 내가 그를 부르며 그를 인도하였나니 그 길이 형통하리라 아멘

Isaiah 48:15

I, even I, have spoken; yes, I have called him. I will bring him, and he will succeed in his mission. Amen

19.
행복의 말씀
Words of Happiness

창세기 12장 2절

내가 너로 큰 민족을 이루고 네게 복을 주어 네 이름을 창대하게 하리니 너는 복이 될지라 아멘

Genesis 12:2

I will make you into a great nation, and I will bless you; I will make your name great, and you will be a blessing. Amen

신명기 10장 13절

내가 오늘 네 행복을 위하여 네게 명하는 여호와의 명령과 규례를 지킬 것이 아니냐 아멘

Deuteronomy 10:13

and to observe the Lord's commands and decrees that I am giving you today for your own good? Amen

신명기 33장 29절

이스라엘이여 너는 행복한 사람이로다 여호와의 구원을 너
같이 얻은 백성이 누구냐 그는 너를 돕는 방패시요 네 영광
의 칼이시로다 네 대적이 네게 복종하리니 네가 그들의 높
은 곳을 밟으리로다 아멘

Deuteronomy 33:29

Blessed are you, Israel! Who is like you, a people
saved by the LORD? He is your shield and helper and
your glorious sword. Your enemies will cower before
you, and you will tread on their heights. Amen

시편 1편 1절

복 있는 사람은 악인들의 꾀를 따르지 아니하며 죄인들의
길에 서지 아니하며 오만한 자들의 자리에 앉지 아니하고
아멘

Psalm 1:1

Blessed is the one who does not walk in step with the
wicked or stand in the way that sinners take or sit in
the company of mockers, Amen

시편 4편 8절

내가 평안히 눕고 자기도 하리니 나를 안전히 살게 하시는
이는 오직 여호와이시니이다 아멘

Psalm 4:8

In peace I will lie down and sleep, for you alone, LORD, make me dwell in safety. Amen

시편 23편 1절

여호와는 나의 목자시니 내게 부족함이 없으리로다 아멘

Psalm 23:1

The LORD is my shepherd, I lack nothing. Amen

시편 23편 4절

내가 사망의 음침한 골짜기로 다닐지라도 해를 두려워하지 않을 것은 주께서 나와 함께 하심이라 주의 지팡이와 막대기가 나를 안위하시나이다 아멘

Psalm 23:4

Even though I walk through the darkest valley, I will fear no evil, for you are with me; your rod and your staff, they comfort me. Amen

이사야 43장 1절

야곱아 너를 창조하신 여호와께서 지금 말씀하시느니라 이스라엘아 너를 지으신 이가 말씀하시느니라 너는 두려워하지 말라 내가 너를 구속하였고 내가 너를 지명하여 불렀나니 너는 내 것이라 아멘

Isaiah 43:1

But now, this is what the LORD says—he who created you, Jacob, he who formed you, Israel: "Do not fear, for I have redeemed you; I have summoned you by name; you are mine." Amen

이사야 43장 2절

네가 물 가운데로 지날 때에 내가 너와 함께 할 것이라 강을 건널 때에 물이 너를 침몰하지 못할 것이며 네가 불 가운데로 지날 때에 타지도 아니할 것이요 불꽃이 너를 사르지도 못하리니 아멘

Isaiah 43:2

When you pass through the waters, I will be with you; and when you pass through the rivers, they will not sweep over you. When you walk through the fire, you will not be burned; the flames will not set you ablaze. Amen

데살로니가전서 5장 16 – 18절

항상 기뻐하라 쉬지 말고 기도하라 범사에 감사하라 이것이 그리스도 예수 안에서 너희를 향하신 하나님의 뜻이니라 아멘

1 Thessalonians 5:16 – 18

Rejoice always, pray continually, give thanks in all circumstances; for this is God's will for you in Christ Jesus. Amen

20.
천국의 말씀
Words of Heaven

마태복음 4장 17절

이 때부터 예수께서 비로소 전파하여 이르시되 회개하라 천국이 가까이 왔느니라 하시더라 아멘

Matthew 4:17

From that time on Jesus began to preach, "Repent, for the kingdom of heaven has come near." Amen

마태복음 7장 21절

나더러 주여 주여 하는 자마다 다 천국에 들어갈 것이 아니요 다만 하늘에 계신 내 아버지의 뜻대로 행하는 자라야 들어가리라 아멘

Matthew 7:21

Not everyone who says to me, 'Lord, Lord,' will enter the kingdom of heaven, but only the one who does the will of my Father who is in heaven. Amen

마태복음 11장 11절

내가 진실로 너희에게 말하노니 여자가 낳은 자 중에 세례 요한보다 큰 이가 일어남이 없도다 그러나 천국에서는 극히 작은 자라도 그보다 크니라 아멘

Matthew 11:11

Truly I tell you, among those born of women there has not risen anyone greater than John the Baptist; yet whoever is least in the kingdom of heaven is greater than he. Amen

마태복음 16장 19절

내가 천국 열쇠를 네게 주노니 네가 땅에서 무엇이든지 매면 하늘에서도 매일 것이요 네가 땅에서 무엇이든지 풀면 하늘에서도 풀리리라 하시고 아멘

Matthew 16:19

I will give you the keys of the kingdom of heaven; whatever you bind on earth will be bound in heaven, and whatever you loose on earth will be loosed in heaven. Amen

마태복음 18장 4절

그러므로 누구든지 이 어린 아이와 같이 자기를 낮추는 사람이 천국에서 큰 자니라 아멘

Matthew 18:4

Therefore, whoever takes the lowly position of this child is the greatest in the kingdom of heaven. Amen

마태복음 24장 14절

이 천국 복음이 모든 민족에게 증언되기 위하여 온 세상에 전파되리니 그제야 끝이 오리라 아멘

Matthew 24:14

And this gospel of the kingdom will be preached in the whole world as a testimony to all nations, and then the end will come. Amen

누가복음 9장 62절

예수께서 이르시되 손에 쟁기를 잡고 뒤를 돌아보는 자는 하나님의 나라에 합당하지 아니하니라 하시니라 아멘

Luke 9:62

Jesus replied, "No one who puts a hand to the plow and looks back is fit for service in the kingdom of God." Amen

누가복음 17장 21절

또 여기 있다 저기 있다고도 못하리니 하나님의 나라는 너희 안에 있느니라 아멘

Luke 17:21

Nor will people say, 'Here it is,' or 'There it is,' because the kingdom of God is in your midst. Amen

요한복음 3장 3절

예수께서 대답하여 이르시되 진실로 진실로 네게 이르노니 사람이 거듭나지 아니하면 하나님의 나라를 볼 수 없느니라 아멘

John 3:3

Jesus replied, "Very truly I tell you, no one can see the kingdom of God unless they are born again." Amen

디모데후서 4장 18절

주께서 나를 모든 악한 일에서 건져내시고 또 그의 천국에 들어가도록 구원하시리니 그에게 영광이 세세무궁토록 있을지어다 아멘

2 Timothy 4:18

The Lord will rescue me from every evil attack and will bring me safely to his heavenly kingdom. To him be glory for ever and ever. Amen

III.

은혜의 말씀
Words of Grace

21.

은혜의 말씀
Words of Grace

출애굽기 1장 20절

하나님이 그 산파들에게 은혜를 베푸시니 그 백성은 번성하고 매우 강해지니라 아멘

Exodus 1:20

So God was kind to the midwives and the people increased and became even more numerous. Amen

출애굽기 33장 19절

여호와께서 이르시되 내가 내 모든 선한 것을 네 앞으로 지나가게 하고 여호와의 이름을 네 앞에 선포하리라 나는 은혜 베풀 자에게 은혜를 베풀고 긍휼히 여길 자에게 긍휼을 베푸느니라 아멘

Exodus 33:19

And the Lord said, "I will cause all my goodness to pass in front of you, and I will proclaim my name, the Lord, in your presence. I will have mercy on whom I will have mercy, and I will have compassion on whom I will have compassion." Amen

민수기 6장 25절

여호와는 그의 얼굴을 네게 비추사 은혜 베푸시기를 원하며
아멘

Numbers 6:25

The LORD make his face shine upon you and be
gracious to you; Amen

룻기 2장 20절

나오미가 자기 며느리에게 이르되 그가 여호와로부터 복 받
기를 원하노라 그가 살아 있는 자와 죽은 자에게 은혜 베풀
기를 그치지 아니하도다 하고 나오미가 또 그에게 이르되
그 사람은 우리와 가까우니 우리 기업을 무를 자 중의 하나
이니라 하니라 아멘

Ruth 2:20

"The LORD bless him!" Naomi said to her
daughter-in-law. "He has not stopped showing his
kindness to the living and the dead." She added,
"That man is our close relative; he is one of our
guardian-redeemers." Amen

느헤미야 5장 19절

내 하나님이여 내가 이 백성을 위하여 행한 모든 일을 기억
하사 내게 은혜를 베푸시옵소서 아멘

Nehemiah 5:19

Remember me with favor, my God, for all I have done
for these people. Amen

시편 67편 1절

하나님은 우리에게 은혜를 베푸사 복을 주시고 그의 얼굴
빛을 우리에게 비추사 아멘

Psalm 67:1

May God be gracious to us and bless us and make his
face shine on us. Amen

로마서 5장 15절

그러나 이 은사는 그 범죄와 같지 아니하니 곧 한 사람의 범
죄를 인하여 많은 사람이 죽었은즉 더욱 하나님의 은혜와
또한 한 사람 예수 그리스도의 은혜로 말미암은 선물은 많
은 사람에게 넘쳤느니라 아멘

Romans 5:15

But the gift is not like the trespass. For if the many
died by the trespass of the one man, how much more
did God's grace and the gift that came by the grace

of the one man, Jesus Christ, overflow to the many!
Amen

고린도후서 9장 8절
하나님이 능히 모든 은혜를 너희에게 넘치게 하시나니 이는
너희로 모든 일에 항상 모든 것이 넉넉하여 모든 착한 일을
넘치게 하게 하려 하심이라 아멘
2 Corinthians 9:8

And God is able to bless you abundantly, so that in all
things at all times, having all that you need, you will
abound in every good work. Amen

에베소서 2장 8절
너희는 그 은혜에 의하여 믿음으로 말미암아 구원을 받았으
니 이것은 너희에게서 난 것이 아니요 하나님의 선물이라
아멘
Ephesians 2:8

For it is by grace you have been saved, through
faith—and this is not from yourselves, it is the gift of
God. Amen

히브리서 4장 16절

그러므로 우리는 긍휼하심을 받고 때를 따라 돕는 은혜를 얻기 위하여 은혜의 보좌 앞에 담대히 나아갈 것이니라 아멘

Hebrews 4:16

Let us then approach God's throne of grace with confidence, so that we may receive mercy and find grace to help us in our time of need. Amen

22.
믿음의 말씀
Words of Faith

마가복음 5장 34절

예수께서 이르시되 딸아 네 믿음이 너를 구원하였으니 평안히 가라 네 병에서 놓여 건강할지어다 아멘

Mark 5:34

He said to her, "Daughter, your faith has healed you. Go in peace and be freed from your suffering." Amen

에베소서 3장 17절

믿음으로 말미암아 그리스도께서 너희 마음에 계시게 하시옵고 너희가 사랑 가운데서 뿌리가 박히고 터가 굳어져서 아멘

Ephesians 3:17

So that Christ may dwell in your hearts through faith. And I pray that you, being rooted and established in love. Amen

디모데전서 6장 12절

믿음의 선한 싸움을 싸우라 영생을 취하라 이를 위하여 네가 부르심을 받았고 많은 증인 앞에서 선한 증언을 하였도다 아멘

1 Timothy 6:12

Fight the good fight of the faith. Take hold of the eternal life to which you were called when you made your good confession in the presence of many witnesses. Amen

디모데후서 4장 7절

나는 선한 싸움을 싸우고 나의 달려갈 길을 마치고 믿음을 지켰으니 아멘

2 Timothy 4:7

I have fought the good fight, I have finished the race, I have kept the faith. Amen

히브리서 11장 1절

믿음은 바라는 것들의 실상이요 보이지 않는 것들의 증거니 아멘

Hebrews 11:1

Now faith is confidence in what we hope for and assurance about what we do not see. Amen

히브리서 11장 4절

믿음으로 아벨은 가인보다 더 나은 제사를 하나님께 드림으로 의로운 자라 하시는 증거를 얻었으니 하나님이 그 예물에 대하여 증언하심이라 그가 죽었으나 그 믿음으로써 지금도 말하느니라 아멘

Hebrews 11:4

By faith Abel brought God a better offering than Cain did. By faith he was commended as righteous, when God spoke well of his offerings. And by faith Abel still speaks, even though he is dead. Amen

히브리서 12장 2절

믿음의 주요 또 온전하게 하시는 이인 예수를 바라보자 그는 그 앞에 있는 기쁨을 위하여 십자가를 참으사 부끄러움을 개의치 아니하시더니 하나님 보좌 우편에 앉으셨느니라 아멘

Hebrews 12:2

Fixing our eyes on Jesus, the pioneer and perfecter of faith. For the joy set before him he endured the cross, scorning its shame, and sat down at the right hand of the throne of God. Amen

베드로전서 1장 7절

너희 믿음의 확실함은 불로 연단하여도 없어질 금보다 더 귀하여 예수 그리스도께서 나타나실 때에 칭찬과 영광과 존귀를 얻게 할 것이니라 아멘

1 Peter 1:7

These have come so that the proven genuineness of your faith—of greater worth than gold, which perishes even though refined by fire—may result in praise, glory and honor when Jesus Christ is revealed. Amen

베드로전서 1장 9절

믿음의 결국 곧 영혼의 구원을 받음이라 아멘

1 Peter 1:9

For you are receiving the end result of your faith, the salvation of your souls. Amen

유다서 1장 20절

사랑하는 자들아 너희는 너희의 지극히 거룩한 믿음 위에 자신을 세우며 성령으로 기도하며 아멘

Jude 1:20

But you, dear friends, by building yourselves up in your most holy faith and praying in the Holy Spirit. Amen

23.
사랑의 말씀
Words of Love

시편 91편 14절

하나님이 이르시되 그가 나를 사랑한즉 내가 그를 건지리라
그가 내 이름을 안즉 내가 그를 높이리라 아멘

Psalm 91:14

"Because he loves me," says the LORD, "I will rescue him;
I will protect him, for he acknowledges my name." Amen

스바냐 3장 17절

너의 하나님 여호와가 너의 가운데에 계시니 그는 구원을
베푸실 전능자이시라 그가 너로 말미암아 기쁨을 이기지 못
하시며 너를 잠잠히 사랑하시며 너로 말미암아 즐거이 부르
며 기뻐하시리라 하리라 아멘

Zephaniah 3:17

The LORD your God is with you, the Mighty Warrior
who saves. He will take great delight in you; in his
love he will no longer rebuke you, but will rejoice
over you with singing. Amen

마가복음 1장 11절

하늘로부터 소리가 나기를 너는 내 사랑하는 아들이라 내가
너를 기뻐하노라 하시니라 아멘

Mark 1:11

And a voice came from heaven: "You are my Son,
whom I love; with you I am well pleased." Amen

요한복음 3장 16절

하나님이 세상을 이처럼 사랑하사 독생자를 주셨으니 이는
그를 믿는 자마다 멸망하지 않고 영생을 얻게 하려 하심이
라 아멘

John 3:16

For God so loved the world that he gave his one
and only Son, that whoever believes in him shall not
perish but have eternal life. Amen

요한복음 13장 34절

새 계명을 너희에게 주노니 서로 사랑하라 내가 너희를 사
랑한 것 같이 너희도 서로 사랑하라 아멘

John 13:34

A new command I give you: Love one another. As I
have loved you, so you must love one another. Amen

요한복음 14장 21절

나의 계명을 지키는 자라야 나를 사랑하는 자니 나를 사랑하는 자는 내 아버지께 사랑을 받을 것이요 나도 그를 사랑하여 그에게 나를 나타내리라 아멘

John 14:21

Whoever has my commands and keeps them is the one who loves me. The one who loves me will be loved by my Father, and I too will love them and show myself to them. Amen

로마서 5장 8절

우리가 아직 죄인 되었을 때에 그리스도께서 우리를 위하여 죽으심으로 하나님께서 우리에 대한 자기의 사랑을 확증하셨느니라 아멘

Romans 5:8

But God demonstrates his own love for us in this: While we were still sinners, Christ died for us. Amen

고린도전서 13장 13절

그런즉 믿음, 소망, 사랑, 이 세 가지는 항상 있을 것인데 그 중의 제일은 사랑이라 아멘

1 Corinthians 13:13

And now these three remain : faith, hope and love.
But the greatest of these is love. Amen

요한일서 3장 18절

자녀들아 우리가 말과 혀로만 사랑하지 말고 행함과 진실함
으로 하자 아멘

1 John 3:18

Dear children, let us not love with words or speech
but with actions and in truth. Amen

요한일서 4장 10절

사랑은 여기 있으니 우리가 하나님을 사랑한 것이 아니요
하나님이 우리를 사랑하사 우리 죄를 속하기 위하여 화목
제물로 그 아들을 보내셨음이라 아멘

1 John 4:10

This is love : not that we loved God, but that he loved
us and sent his Son as an atoning sacrifice for our
sins. Amen

24.
시험의 말씀
Words on Trials

신명기 7장 19절

네 하나님 여호와께서 너를 인도하여 내실 때에 네가 본 큰 시험과 이적과 기사와 강한 손과 편 팔을 기억하라 네 하나님 여호와께서 네가 두려워하는 모든 민족에게 그와 같이 행하실 것이요 아멘

Deuteronomy 7:19

You saw with your own eyes the great trials, the signs and wonders, the mighty hand and outstretched arm, with which the Lord your God brought you out. The Lord your God will do the same to all the peoples you now fear. Amen

신명기 8장 16절

네 조상들도 알지 못하던 만나를 광야에서 네게 먹이셨나니 이는 다 너를 낮추시며 너를 시험하사 마침내 네게 복을 주려 하심이었느니라 아멘

Deuteronomy 8:16

He gave you manna to eat in the wilderness,
something your ancestors had never known, to
humble and test you so that in the end it might go
well with you. Amen

시편 66편 10절

하나님이여 주께서 우리를 시험하시되 우리를 단련하시기
를 은을 단련함 같이 하셨으며 아멘

Psalm 66:10

For you, God, tested us; you refined us like silver.
Amen

예레미야 17장 10절

나 여호와는 심장을 살피며 폐부를 시험하고 각각 그의 행
위와 그의 행실대로 보응하나니 아멘

Jeremiah 17:10

I the LORD search the heart and examine the mind,
to reward each person according to their conduct,
according to what their deeds deserve. Amen

마가복음 14장 38절

시험에 들지 않게 깨어 있어 기도하라 마음에는 원이로되 육신이 약하도다 하시고 아멘

Mark 14:38

Watch and pray so that you will not fall into temptation. The spirit is willing, but the flesh is weak. Amen

누가복음 4장 12절

예수께서 대답하여 이르시되 주 너의 하나님을 시험하지 말라 하였느니라 아멘

Luke 4:12

Jesus answered, "It is said: 'Do not put the Lord your God to the test.'" Amen

고린도전서 10장 13절

사람이 감당할 시험 밖에는 너희가 당한 것이 없나니 오직 하나님은 미쁘사 너희가 감당하지 못할 시험 당함을 허락하지 아니하시고 시험 당할 즈음에 또한 피할 길을 내사 너희로 능히 감당하게 하시느니라 아멘

1 Corinthians 10:13

No temptation has overtaken you except what is common to mankind. And God is faithful; he will not let you be tempted beyond what you can bear. But when you are tempted, he will also provide a way out so that you can endure it. Amen

갈라디아서 6장 1절

형제들아 사람이 만일 무슨 범죄한 일이 드러나거든 신령한 너희는 온유한 심령으로 그러한 자를 바로잡고 너 자신을 살펴보아 너도 시험을 받을까 두려워하라 아멘

Galatians 6:1

Brothers and sisters, if someone is caught in a sin, you who live by the Spirit should restore that person gently. But watch yourselves, or you also may be tempted. Amen

야고보서 1장 12절

시험을 참는 자는 복이 있나니 이는 시련을 견디어 낸 자가 주께서 자기를 사랑하는 자들에게 약속하신 생명의 면류관을 얻을 것이기 때문이라 아멘

James 1:12

Blessed is the one who perseveres under trial because, having stood the test, that person will receive the crown of life that the Lord has promised to those who love him. Amen

베드로전서 4장 12절

사랑하는 자들아 너희를 연단하려고 오는 불 시험을 이상한 일 당하는 것 같이 이상히 여기지 말고 아멘

1 Peter 4:12

Dear friends, do not be surprised at the fiery ordeal that has come on you to test you, as though something strange were happening to you. Amen

25.

소원의 말씀
Words of Desire

사무엘상 20장 4절

요나단이 다윗에게 이르되 네 마음의 소원이 무엇이든지 내
가 너를 위하여 그것을 이루리라 아멘

1 Samuel 20:4

Jonathan said to David, 'Whatever you want me to
do, I'll do for you.' Amen

사무엘하 23장 5절

내 집이 하나님 앞에 이같지 아니하냐 하나님이 나와 더불
어 영원한 언약을 세우사 만사에 구비하고 견고하게 하셨으
니 나의 모든 구원과 나의 모든 소원을 어찌 이루지 아니하
시랴   아멘

2 Samuel 23:5

If my house were not right with God, surely he would
not have made with me an everlasting covenant,
arranged and secured in every part; surely he would
not bring to fruition my salvation and grant me my

every desire. Amen

시편 20편 4절

네 마음의 소원대로 허락하시고 네 모든 계획을 이루어 주시기를 원하노라 아멘

Psalm 20:4

May he give you the desire of your heart and make all your plans succeed. Amen

시편 37편 4절

또 여호와를 기뻐하라 그가 네 마음의 소원을 네게 이루어 주시리로다 아멘

Psalm 37:4

Take delight in the LORD, and he will give you the desires of your heart. Amen

시편 103편 5절

좋은 것으로 네 소원을 만족하게 하사 네 청춘을 독수리 같이 새롭게 하시는도다 아멘

Psalm 103:5

Who satisfies your desires with good things so that your youth is renewed like the eagle's. Amen

잠언 23장 18절

정녕히 네 장래가 있겠고 네 소망이 끊어지지 아니하리라 아멘

Proverbs 23:18

There is surely a future hope for you, and your hope will not be cut off. Amen

전도서 5장 19절

또한 어떤 사람에게든지 하나님이 재물과 부요를 그에게 주사 능히 누리게 하시며 제 몫을 받아 수고함으로 즐거워하게 하신 것은 하나님의 선물이라 아멘

Ecclesiastes 5:19

Moreover, when God gives someone wealth and possessions, and the ability to enjoy them, to accept their lot and be happy in their toil—this is a gift of God. Amen

빌립보서 2장 13절

너희 안에서 행하시는 이는 하나님이시니 자기의 기쁘신 뜻을 위하여 너희에게 소원을 두고 행하게 하시나니 아멘

Philippians 2:13

For it is God who works in you to will and to act in order to fulfill his good purpose. Amen

히브리서 5장 7절

그는 육체에 계실 때에 자기를 죽음에서 능히 구원하실 이에게 심한 통곡과 눈물로 간구와 소원을 올렸고 그의 경건하심으로 말미암아 들으심을 얻었느니라 아멘

Hebrews 5:7

During the days of Jesus' life on earth, he offered up prayers and petitions with fervent cries and tears to the one who could save him from death, and he was heard because of his reverent submission. Amen

히브리서 11장 26절

그리스도를 위하여 받는 수모를 애굽의 모든 보화보다 더 큰 재물로 여겼으니 이는 상 주심을 바라봄이라 아멘

Hebrews 11:26

He regarded disgrace for the sake of Christ as of greater value than the treasures of Egypt, because he was looking ahead to his reward. Amen

26.
충성의 말씀
Words of Faithfulness

여호수아 14장 8절

나와 함께 올라갔던 내 형제들은 백성의 간담을 녹게 하였으나 나는 내 하나님 여호와께 충성하였으므로 아멘

Joshua 14:8

But my fellow Israelites who went up with me made the hearts of the people melt in fear. I, however, followed the LORD my God wholeheartedly. Amen

여호수아 14장 9절

그 날에 모세가 맹세하여 이르되 네가 내 하나님 여호와께 충성하였은즉 네 발로 밟는 땅은 영원히 너와 네 자손의 기업이 되리라 하였나이다 아멘

Joshua 14:9

So on that day Moses swore to me, 'The land on which your feet have walked will be your inheritance and that of your children forever, because you have followed the LORD my God wholeheartedly.' Amen

잠언 25장 13절

충성된 사자는 그를 보낸 이에게 마치 추수하는 날에 얼음 냉수 같아서 능히 그 주인의 마음을 시원하게 하느니라 아멘

Proverbs 25:13

Like a snow-cooled drink at harvest time is a trustworthy messenger to the one who sends him; he refreshes the spirit of his master. Amen

잠언 28장 20절

충성된 자는 복이 많아도 속히 부하고자 하는 자는 형벌을 면하지 못하리라 아멘

Proverbs 28:20

A faithful person will be richly blessed, but one eager to get rich will not go unpunished. Amen

마태복음 25장 21절

그 주인이 이르되 잘하였도다 착하고 충성된 종아 네가 적은 일에 충성하였으매 내가 많은 것을 네게 맡기리니 네 주인의 즐거움에 참여할지어다 하고 아멘

Matthew 25:21

His master replied, 'Well done, good and faithful servant! You have been faithful with a few things; I will put you in charge of many things. Come and share your master's happiness!' Amen

누가복음 16장 10절

지극히 작은 것에 충성된 자는 큰 것에도 충성되고 지극히 작은 것에 불의한 자는 큰 것에도 불의하니라 아멘

Luke 16:10

Whoever can be trusted with very little can also be trusted with much, and whoever is dishonest with very little will also be dishonest with much. Amen

디모데전서 1장 12절

나를 능하게 하신 그리스도 예수 우리 주께 내가 감사함은 나를 충성되이 여겨 내게 직분을 맡기심이니 아멘

1 Timothy 1:12

I thank Christ Jesus our Lord, who has given me strength, that he considered me trustworthy, appointing me to his service. Amen

디모데후서 2장 2절

또 네가 많은 증인 앞에서 내게 들은 바를 충성된 사람들에게 부탁하라 그들이 또 다른 사람들을 가르칠 수 있으리라 아멘

2 Timothy 2:2

And the things you have heard me say in the presence of many witnesses entrust to reliable people who will also be qualified to teach others. Amen

요한계시록 1장 5절

또 충성된 증인으로 죽은 자들 가운데에서 먼저 나시고 땅의 임금들의 머리가 되신 예수 그리스도로 말미암아 은혜와 평강이 너희에게 있기를 원하노라 우리를 사랑하사 그의 피로 우리 죄에서 우리를 해방하시고 아멘

Revelation 1:5

And from Jesus Christ, who is the faithful witness, the firstborn from the dead, and the ruler of the kings of the earth. To him who loves us and has freed us from our sins by his blood. Amen

요한계시록 2장 10절

너는 장차 받을 고난을 두려워하지 말라 볼지어다 마귀가 장차 너희 가운데에서 몇 사람을 옥에 던져 시험을 받게 하리니 너희가 십 일 동안 환난을 받으리라 네가 죽도록 충성하라 그리하면 내가 생명의 관을 네게 주리라 아멘

Revelation 2:10

Do not be afraid of what you are about to suffer. I tell you, the devil will put some of you in prison to test you, and you will suffer persecution for ten days. Be faithful, even to the point of death, and I will give you life as your victor's crown. Amen

27.
성령 은사의 말씀
Words on the Gifts of the Holy Spirit

로마서 6장 23절

죄의 삯은 사망이요 하나님의 은사는 그리스도 예수 우리 주 안에 있는 영생이니라 아멘

Romans 6:23

For the wages of sin is death, but the gift of God is eternal life in Christ Jesus our Lord. Amen

로마서 11장 29절

하나님의 은사와 부르심에는 후회하심이 없느니라 아멘

Romans 11:29

For God's gifts and his call are irrevocable. Amen

고린도전서 1장 7절

너희가 모든 은사에 부족함이 없이 우리 주 예수 그리스도 의 나타나심을 기다림이라 아멘

1 Corinthians 1:7

Therefore you do not lack any spiritual gift as you eagerly wait for our Lord Jesus Christ to be revealed. Amen

고린도전서 12장 8절

어떤 사람에게는 성령으로 말미암아 지혜의 말씀을, 어떤 사람에게는 같은 성령을 따라 지식의 말씀을, 아멘

1 Corinthians 12:8

To one there is given through the Spirit the message of wisdom, to another the message of knowledge by means of the same Spirit, Amen

고린도전서 12장 9절

다른 사람에게는 같은 성령으로 믿음을, 어떤 사람에게는 한 성령으로 병 고치는 은사를, 아멘

1 Corinthians 12:9

To another faith by the same Spirit, to another gifts of healing by that one Spirit, Amen

고린도전서 12장 10절

어떤 사람에게는 능력 행함을, 어떤 사람에게는 예언함을, 어떤 사람에게는 영들 분별함을, 다른 사람에게는 각종 방언

말함을, 어떤 사람에게는 방언들 통역함을 주시나니 아멘

1 Corinthians 12:10

To another miraculous powers, to another prophecy, to another distinguishing between spirits, to another speaking in different kinds of tongues, and to still another the interpretation of tongues. Amen

고린도전서 12장 11절

이 모든 일은 같은 한 성령이 행하사 그의 뜻대로 각 사람에게 나누어 주시는 것이니라 아멘

1 Corinthians 12:11

All these are the work of one and the same Spirit, and he distrbutes them to each one, just as he determines. Amen

고린도전서 12장 31절

너희는 더욱 큰 은사를 사모하라 내가 또한 가장 좋은 길을 너희에게 보이리라 아멘

1 Corinthians 12:31

Now eagerly desire the greater gifts. And get I will show you the most excellent way. Amen

고린도후서 1장 11절

너희도 우리를 위하여 간구함으로 도우라 이는 우리가 많은 사람의 기도로 얻은 은사로 말미암아 많은 사람이 우리를 위하여 감사하게 하려 함이라 아멘

2 Corinthians 1:11

As you help us by your prayers. Then many will give thanks on our behalf for the gracious favor granted us in answer to the prayers of many. Amen

히브리서 6장 4절

한 번 빛을 받고 하늘의 은사를 맛보고 성령에 참여한 바 되고 아멘

Hebrews 6:4

It is impossible for those who have once been enlightened, who have tasted the heavenly gift, who have shared in the Holy Spirit, Amen

28.

성령 열매의 말씀
Words on the Fruit of the Holy Spirit

에스겔 36장 26절

또 새 영을 너희 속에 두고 새 마음을 너희에게 주되 너희 육신에서 굳은 마음을 제거하고 부드러운 마음을 줄 것이며 아멘

Ezekiel 36:26

I will give you a new heart and put a new spirit in you; I will remove from you your heart of stone and give you a heart of flesh. Amen

마태복음 25장 40절

임금이 대답하여 이르시되 내가 진실로 너희에게 이르노니 너희가 여기 내 형제 중에 지극히 작은 자 하나에게 한 것이 곧 내게 한 것이니라 하시고 아멘

Matthew 25:40

"The King will reply, 'Truly I tell you, whatever you did for one of the least of these brothers and sisters of mine, you did for me.' Amen

요한복음 8장 11절

대답하되 주여 없나이다 예수께서 이르시되 나도 너를 정죄하지 아니하노니 가서 다시는 죄를 범하지 말라 하시니라 아멘

John 8:11

"No one, sir," she said. "Then neither do I condemn you," Jesus declared. "Go now and leave your life of sin." Amen

요한복음 13장 35절

너희가 서로 사랑하면 이로써 모든 사람이 너희가 내 제자인 줄 알리라 아멘

John 13:35

By this everyone will know that you are my disciples, if you love one another. Amen

요한복음 16장 22절

지금은 너희가 근심하나 내가 다시 너희를 보리니 너희 마음이 기쁠 것이요 너희 기쁨을 빼앗을 자가 없으리라 아멘

John 16:22

So with you : Now is your time of grief, but I will see you again and you will rejoice, and no one will take away your joy. Amen

고린도전서 4장 2절

그리고 맡은 자들에게 구할 것은 충성이니라 아멘

1 Corinthians 4:2

Now it is required that those who have been given a trust must prove faithful. Amen

고린도후서 5장 18절

모든 것이 하나님께로서 났으며 그가 그리스도로 말미암아 우리를 자기와 화목하게 하시고 또 우리에게 화목하게 하는 직분을 주셨으니 아멘

2 Corinthians 5:18

All this is from God, who reconciled us to himself through Christ and gave us the ministry of reconciliation. Amen

갈라디아서 5장 22-23절

오직 성령의 열매는 사랑과 희락과 화평과 오래 참음과 자비와 양선과 충성과 온유와 절제니 이같은 것을 금지할 법이 없느니라 아멘

Galatians 5:22-23

But the fruit of the Spirit is love, joy, peace, patience, kindness, goodness, faithfulness, gentleness and self—control. Against such things there is no law. Amen

디모데후서 1장 7절

하나님이 우리에게 주신 것은 두려워하는 마음이 아니요 오
직 능력과 사랑과 절제하는 마음이니 아멘

2 Timothy 1:7

For the Spirit God gave us does not make us timid,
but gives us power, love and self-discipline. Amen

야고보서 1장 4절

인내를 온전히 이루라 이는 너희로 온전하고 구비하여 조금
도 부족함이 없게 하려 함이라 아멘

James 1:4

Let perseverance finish its work so that you may be
mature and complete, not lacking anything. Amen

29.

마귀 대적의 말씀
Words on Resisting the Devil

마태복음 10장 1절

예수께서 그의 열두 제자를 부르사 더러운 귀신을 쫓아내며
모든 병과 모든 약한 것을 고치는 권능을 주시니라 아멘

Matthew 10:1

Jesus called his twelve disciples to him and gave them
authority to drive out impure spirits and to heal every
disease and sickness. Amen

마가복음 16장 17절

믿는 자들에게는 이런 표적이 따르리니 곧 그들이 내 이름
으로 귀신을 쫓아내며 새 방언을 말하며 아멘

Mark 16:17

And these signs will accompany those who believe：
In my name they will drive out demons； they will
speak in new tongues； Amen

누가복음 10장 19절

내가 너희에게 뱀과 전갈을 밟으며 원수의 모든 능력을 제어할 권능을 주었으니 너희를 해칠 자가 결코 없으리라 아멘

Luke 10:19

I have given you authority to trample on snakes and scorpions and to overcome all the power of the enemy; nothing will harm you. Amen

사도행전 10장 38절

하나님이 나사렛 예수에게 성령과 능력을 기름 붓듯 하셨으매 그가 두루 다니시며 선한 일을 행하시고 마귀에게 눌린 모든 사람을 고치셨으니 이는 하나님이 함께 하셨음이라 아멘

Acts 10:38

how God anointed Jesus of Nazareth with the Holy Spirit and power, and he went around doing good and healing all who were under the power of the devil, because God was with him. Amen

고린도전서 10장 20절

무릇 이방인이 제사하는 것은 귀신에게 하는 것이요 하나님께 제사하는 것이 아니니 나는 너희가 귀신과 교제하는 자가 되기를 원하지 아니하노라 아멘

1 Corinthians 10:20

No, but the sacrifices of pagans are offered to demons, not to God, and I do not want you to be participants with demons. Amen

에베소서 4장 26-27절

분을 내어도 죄를 짓지 말며 해가 지도록 분을 품지 말고 마귀에게 틈을 주지 말라 아멘

Ephesians 4:26-27

"In your anger do not sin": Do not let the sun go down while you are still angry, and do not give the devil a foothold. Amen

에베소서 6장 11절

마귀의 간계를 능히 대적하기 위하여 하나님의 전신갑주를 입으라 아멘

Ephesians 6:11

Put on the full armor of God, so that you can take your stand against the devil's schemes. Amen

에베소서 6장 12절

우리의 씨름은 혈과 육을 상대하는 것이 아니요 통치자들과 권세들과 이 어둠의 세상 주관자들과 하늘에 있는 악의 영들을 상대함이라 아멘

Ephesians 6:12

For our struggle is not against flesh and blood, but against the rulers, against the authorities, against the powers of this dark world and against the spiritual forces of evil in the heavenly realms. Amen

야고보서 4장 7절

그런즉 너희는 하나님께 복종할지어다 마귀를 대적하라 그리하면 너희를 피하리라 아멘

James 4:7

Submit yourselves, then, to God. Resist the devil, and he will flee from you. Amen

베드로전서 5장 8절

근신하라 깨어라 너희 대적 마귀가 우는 사자 같이 두루 다니며 삼킬 자를 찾나니 아멘

1 Peter 5:8

Be alert and of sober mind. Your enemy the devil prowls around like a roaring lion looking for someone to devour. Amen

30.

자녀교육의 말씀
Words on Raising Children

신명기 6장 4–5절

이스라엘아 들으라 우리 하나님 여호와는 오직 유일한 여호와이시니 너는 마음을 다하고 뜻을 다하고 힘을 다하여 네 하나님 여호와를 사랑하라 아멘

Deuteronomy 6:4–5

Hear, O Israel: The Lord our God, the Lord is one. Love the Lord your God with all your heart and with all your soul and with all your strength. Amen

신명기 6장 6–7절

오늘 내가 네게 명하는 이 말씀을 너는 마음에 새기고 네 자녀에게 부지런히 가르치며 집에 앉았을 때에든지 길을 갈 때에든지 누워 있을 때에든지 일어날 때에든지 이 말씀을 강론할 것이며 아멘

Deuteronomy 6:6-7

These commandments that I give you today are to be on your hearts. Impress them on your children. Talk about them when you sit at home and when you walk along the road, when you lie down and when you get up. Amen

잠언 9장 10절
여호와를 경외하는 것이 지혜의 근본이요 거룩하신 자를 아는 것이 명철이니라 아멘
Proverbs 9:10

The fear of the LORD is the beginning of wisdom, and knowledge of the Holy One is understanding. Amen

이사야 50장 4절
주 여호와께서 학자들의 혀를 내게 주사 나로 곤고한 자를 말로 어떻게 도와 줄 줄을 알게 하시고 아침마다 깨우치시되 나의 귀를 깨우치사 학자들 같이 알아듣게 하시도다 아멘
Isaiah 50:4

The Sovereign LORD has given me a well-instructed tongue, to know the word that sustains the weary. He wakens me morning by morning, wakens my ear to listen like one being instructed. Amen

이사야 54장 13절

네 모든 자녀는 여호와의 교훈을 받을 것이니 네 자녀에게는 큰 평안이 있을 것이며 아멘

Isaiah 54:13

All your children will be taught by the LORD, and great will be their peace. Amen

누가복음 10장 20절

그러나 귀신들이 너희에게 항복하는 것으로 기뻐하지 말고 너희 이름이 하늘에 기록된 것으로 기뻐하라 하시니라 아멘

Luke 10:20

However, do not rejoice that the spirits submit to you, but rejoice that your names are written in heaven. Amen

요한복음 8장 44절

너희는 너희 아비 마귀에게서 났으니 너희 아비의 욕심대로 너희도 행하고자 하느니라 그는 처음부터 살인한 자요 진리가 그 속에 없으므로 진리에 서지 못하고 거짓을 말할 때마다 제 것으로 말하나니 이는 그가 거짓말쟁이요 거짓의 아비가 되었음이라 아멘

John 8:44

You belong to your father, the devil, and you want
to carry out your father's desires. He was a murderer
from the beginning, not holding to the truth, for there
is no truth in him. When he lies, he speaks his native
language, for he is a liar and the father of lies. Amen

고린도후서 6장 18절

너희에게 아버지가 되고 너희는 내게 자녀가 되리라 전능하
신 주의 말씀이니라 하셨느니라 아멘

2 Corinthians 6:18

And, I will be a Father to you, and you will be my
sons and daughters, says the Lord Almighty. Amen

히브리서 2장 14절

자녀들은 혈과 육에 속하였으매 그도 또한 같은 모양으로
혈과 육을 함께 지니심은 죽음을 통하여 죽음의 세력을 잡
은 자 곧 마귀를 멸하시며 아멘

Hebrews 2:14

Since the children have flesh and blood, he too shared
in their humanity so that by his death he might break
the power of him who holds the power of death—that
is, the devil— Amen

요한일서 4장 4절

자녀들아 너희는 하나님께 속하였고 또 그들을 이기었나니
이는 너희 안에 계신 이가 세상에 있는 자보다 크심이라 아멘

1 John 4:4

You, dear children, are from God and have overcome
them, because the one who is in you is greater than
the one who is in the world. Amen

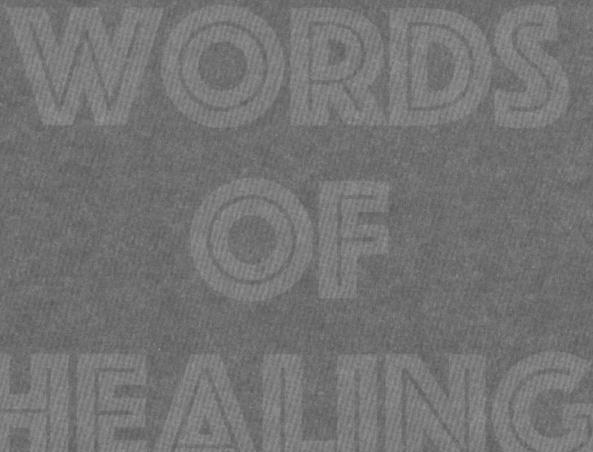

IV.

치유의 말씀
Words of Healing

31.
치유의 말씀
Words of Healing

출애굽기 15장 26절

이르시되 너희가 너희 하나님 나 여호와의 말을 들어 순종하고 내가 보기에 의를 행하며 내 계명에 귀를 기울이며 내 모든 규례를 지키면 내가 애굽 사람에게 내린 모든 질병 중 하나도 너희에게 내리지 아니하리니 나는 너희를 치료하는 여호와임이라 아멘

Exodus 15:26

He said, "If you listen carefully to the LORD your God and do what is right in his eyes, if you pay attention to His commands and keep all His decrees, I will not bring on you any of the diseases I brought on the Egyptians, for I am the LORD, who heals you." Amen

시편 107편 20절

그가 그의 말씀을 보내어 그들을 고치시고 위험한 지경에서 건지시는도다 아멘

Psalm 107:20

He sent out his word and healed them; he rescued them from the grave. Amen

시편 147편 3절

상심한 자들을 고치시며 그들의 상처를 싸매시는도다 아멘

Psalm 147:3

He heals the brokenhearted and binds up their wounds. Amen

이사야 58장 8절

그리하면 네 빛이 새벽 같이 비칠 것이며 네 치유가 급속할 것이며 네 공의가 네 앞에 행하고 여호와의 영광이 네 뒤에 호위하리니 아멘

Isaiah 58:8

Then your light will break forth like the dawn, and your healing will quickly appear; then your righteousness will go before you, and the glory of the LORD will be your rear guard. Amen

예레미야 33장 6절

그러나 보라 내가 이 성읍을 치료하며 고쳐 낫게 하고 평안과 진실이 풍성함을 그들에게 나타낼 것이며 아멘

Jeremiah 33:6

Nevertheless, I will bring health and healing to it; I will heal My people and will let them enjoy abundant peace and security. Amen

말라기 4장 2절

내 이름을 경외하는 너희에게는 공의로운 해가 떠올라서 치료하는 광선을 비추리니 너희가 나가서 외양간에서 나온 송아지 같이 뛰리라 아멘

Malachi 4:2

But for you who revere My name, the sun of righteousness will rise with healing in its rays. And you will go out and frolic like well-fed calves. Amen

마태복음 8장 3절

예수께서 손을 내밀어 그에게 대시며 이르시되 내가 원하노니 깨끗함을 받으라 하시니 즉시 그의 나병이 깨끗하여진지라 아멘

Matthew 8:3

Jesus reached out His hand and touched the man. "I am willing," He said. "Be clean!" Immediately he was cleansed of his leprosy. Amen

야고보서 5장 16절

그러므로 너희 죄를 서로 고백하며 병이 낫기를 위하여 서로 기도하라 의인의 간구는 역사하는 힘이 큼이니라 아멘

James 5:16

Therefore confess your sins to each other and pray for each other so that you may be healed. The prayer of a righteous person is powerful and effective. Amen

베드로전서 2장 24절

친히 나무에 달려 그 몸으로 우리 죄를 담당하셨으니 이는 우리로 죄에 대하여 죽고 의에 대하여 살게 하려 하심이라 그가 채찍에 맞음으로 너희는 나음을 얻었나니 아멘

1 Peter 2:24

He Himself bore our sins in His body on the cross, so that we might die to sins and live for righteousness; by his wounds you have been healed. Amen

요한계시록 22장 2절

길 가운데로 흐르더라 강 좌우에 생명나무가 있어 열두 가지 열매를 맺되 달마다 그 열매를 맺고 그 나무 잎사귀들은 만국을 치료하기 위하여 있더라 아멘

Revelation 22:2

Down the middle of the great street of the city. On each side of the river stood the tree of life, bearing twelve crops of fruit, yielding its fruit every month. And the leaves of the tree are for the healing of the nations. Amen

32.

재물의 말씀
Words on Wealth

창세기 15장 14절

그들이 섬기는 나라를 내가 징벌할지며 그 후에 네 자손이 큰 재물을 이끌고 나오리라 아멘

Genesis 15:14

But I will punish the nation they serve as slaves, and afterward they will come out with great possessions. Amen

신명기 8장 18절

네 하나님 여호와를 기억하라 그가 네게 재물 얻을 능력을 주셨음이라 이같이 하심은 네 조상들에게 맹세하신 언약을 오늘과 같이 이루려 하심이니라 아멘

Deuteronomy 8:18

But remember the Lord your God, for it is he who gives you the ability to produce wealth, and so confirms his covenant, which he swore to your ancestors, as it is today. Amen

신명기 28장 11절

여호와께서 네게 주리라고 네 조상들에게 맹세하신 땅에서 네게 복을 주사 네 몸의 소생과 가축의 새끼와 토지의 소산을 많게 하시며 아멘

Deuteronomy 28:11

The Lord will grant you abundant prosperity—in the fruit of your womb, the young of your livestock and the crops of your ground—in the land he swore to your ancestors to give you. Amen

시편 112편 3절

부요와 재물이 그 집에 있음이여 그의 공의가 영구히 서 있으리로다 아멘

Psalm 112:3

Wealth and riches are in their houses, and their righteousness endures forever. Amen

잠언 13장 7절

스스로 부한 체하여도 아무 것도 없는 자가 있고 스스로 가난한 체하여도 재물이 많은 자가 있느니라 아멘

Proverbs 13:7

One person pretends to be rich, yet has nothing; another pretends to be poor, yet has great wealth. Amen

잠언 22장 4절

겸손과 여호와를 경외함의 보상은 재물과 영광과 생명이니라 아멘

Proverbs 22:4

Humility is the fear of the LORD; its wages are riches and honor and life. Amen

잠언 22장 26절

너는 사람으로 더불어 손을 잡지 말며 남의 빚에 보증을 서지 말라 아멘

Proverbs 22:26

Do not be one who shakes hands in pledge or puts up security for debts. Amen

이사야 60장 11절

네 성문이 항상 열려 주야로 닫히지 아니하리니 이는 사람들이 네게로 이방 나라들의 재물을 가져오며 그들의 왕들을 포로로 이끌어 옴이라 아멘

Isaiah 60:11

Your gates will always stand open, they will never be shut, day or night, so that people may bring you the wealth of the nations—their kings led in triumphal procession. Amen

디모데전서 6장 17절

네가 이 세대에 부한 자들을 명하여 마음을 높이지 말고 정함이 없는 재물에 소망을 두지 말고 오직 우리에게 모든 것을 후히 주사 누리게 하시는 하나님께 두며 아멘

1 Timothy 6:17

Command those who are rich in this present world not to be arrogant nor to put their hope in wealth, which is so uncertain, but to put their hope in God, who richly provides us with everything for our enjoyment. Amen

요한계시록 5장 12절

큰 음성으로 이르되 죽임을 당하신 어린 양은 능력과 부와 지혜와 힘과 존귀와 영광과 찬송을 받으시기에 합당하도다 하더라 아멘

Revelation 5:12

In a loud voice they were saying: "Worthy is the Lamb, who was slain, to receive power and wealth and wisdom and strength and honor and glory and praise!" Amen

33.
성경의 말씀
Words of Scripture

시편 119편 105절

주의 말씀은 내 발에 등이요 내 길에 빛이니이다 아멘

Psalm 119:105

Your word is a lamp for my feet, a light on my path.
Amen

시편 119편 148절

주의 말씀을 조용히 읊조리려고 내가 새벽녘에 눈을 떴나이다 아멘

Psalm 119:148

My eyes stay open through the watches of the night,
that I may meditate on your promises. Amen

이사야 34장 16절

너희는 여호와의 책에서 찾아 읽어보라 이것들 가운데서 빠진 것이 하나도 없고 제 짝이 없는 것이 없으리니 이는 여호와의 입이 이를 명령하셨고 그의 영이 이것들을 모으셨음이라 아멘

Isaiah 34:16

Look in the scroll of the LORD and read: None of these will be missing, not one will lack her mate. For it is his mouth that has given the order, and his Spirit will gather them together. Amen

예레미야 23장 29절

여호와의 말씀이니라 내 말이 불 같지 아니하냐 바위를 쳐서 부스러뜨리는 방망이 같지 아니하냐 아멘

Jeremiah 23:29

"Is not my word like fire," declares the LORD, "and like a hammer that breaks a rock in pieces?" Amen

마태복음 4장 4절

예수께서 대답하여 이르시되 기록되었으되 사람이 떡으로만 살 것이 아니요 하나님의 입으로부터 나오는 모든 말씀으로 살 것이라 하였느니라 하시니 아멘

Matthew 4:4

Jesus answered, "It is written: 'Man shall not live on bread alone, but on every word that comes from the mouth of God.'" Amen

요한복음 5장 9절

그 사람이 곧 나아서 자리를 들고 걸어가니라 이 날은 안식일이니 아멘

John 5:9

At once the man was cured; he picked up his mat and walked. The day on which this took place was a Sabbath. Amen

데살로니가전서 2장 13절

이러므로 우리가 하나님께 끊임없이 감사함은 너희가 우리에게 들은 바 하나님의 말씀을 받을 때에 사람의 말로 받지 아니하고 하나님의 말씀으로 받음이니 진실로 그러하도다 이 말씀이 또한 너희 믿는 자 가운데에서 역사하느니라 아멘

1 Thessalonians 2:13

And we also thank God continually because, when you received the word of God, which you heard from us, you accepted it not as a human word, but as it actually is, the word of God, which is indeed at work in you who believe. Amen

디모데후서 3장 15절

또 어려서부터 성경을 알았나니 성경은 능히 너로 하여금 그리스도 예수 안에 있는 믿음으로 말미암아 구원에 이르는 지혜가 있게 하느니라 아멘

2 Timothy 3:15

and how from infancy you have known the Holy Scriptures, which are able to make you wise for salvation through faith in Christ Jesus. Amen

디모데후서 3장 16절

모든 성경은 하나님의 감동으로 된 것으로 교훈과 책망과 바르게 함과 의로 교육하기에 유익하니 아멘

2 Timothy 3:16

All Scripture is God-breathed and is useful for teaching, rebuking, correcting and training in righteousness, Amen

히브리서 4장 12절

하나님의 말씀은 살아 있고 활력이 있어 좌우에 날선 어떤 검보다도 예리하여 혼과 영과 및 관절과 골수를 찔러 쪼개 기까지 하며 또 마음의 생각과 뜻을 판단하나니 아멘

Hebrews 4:12

For the word of God is alive and active. Sharper than any double—edged sword, it penetrates even to dividing soul and spirit, joints and marrow; it judges the thoughts and attitudes of the heart. Amen

34.
염려의 말씀
Words on Anxiety

시편 55편 22절

네 짐을 여호와께 맡기라 그가 너를 붙드시고 의인의 요동함을 영원히 허락하지 아니하시리로다 아멘

Psalm 55:22

Cast your cares on the Lord and he will sustain you；he will never let the righteous be shaken. Amen

시편 84편 11-12절

여호와 하나님은 해요 방패이시라 여호와께서 은혜와 영화를 주시며 정직하게 행하는 자에게 좋은 것을 아끼지 아니하시리이다 만군의 여호와여 주께 의지하는 자는 복이 있나이다 아멘

Psalm 84:11-12

For the LORD God is a sun and shield；the LORD bestows favor and honor；no good thing does he withhold from those whose walk is blameless. LORD Almighty, blessed is the one who trusts in you. Amen

마태복음 6장 25절

그러므로 내가 너희에게 이르노니 목숨을 위하여 무엇을 먹을까 무엇을 마실까 몸을 위하여 무엇을 입을까 염려하지 말라 목숨이 음식보다 중하지 아니하며 몸이 의복보다 중하지 아니하냐 아멘

Matthew 6:25

Therefore I tell you, do not worry about your life, what you will eat or drink; or about your body, what you will wear. Is not life more than food, and the body more than clothes? Amen

마태복음 6장 31절

그러므로 염려하여 이르기를 무엇을 먹을까 무엇을 마실까 무엇을 입을까 하지 말라 아멘

Matthew 6:31

So do not worry, saying, 'What shall we eat?' or 'What shall we drink?' or 'What shall we wear?' Amen

마태복음 6장 34절

그러므로 내일 일을 위하여 염려하지 말라 내일 일은 내일이 염려할 것이요 한 날의 괴로움은 그 날로 족하니라 아멘

Matthew 6:34

Therefore do not worry about tomorrow, for tomorrow will worry about itself. Each day has enough trouble of its own. Amen

마태복음 10장 19절

너희를 넘겨 줄 때에 어떻게 또는 무엇을 말할까 염려하지 말라 그 때에 너희에게 할 말을 주시리니 아멘

Matthew 10:19

But when they arrest you, do not worry about what to say or how to say it. At that time you will be given what to say, Amen

고린도후서 2장 3절

내가 이같이 쓴 것은 내가 갈 때에 마땅히 나를 기쁘게 할 자로부터 도리어 근심을 얻을까 염려함이요 또 너희 모두에 대한 나의 기쁨이 너희 모두의 기쁨인 줄 확신함이로라 아멘

2 Corinthians 2:3

I wrote as I did, so that when I came I would not be distressed by those who should have made me rejoice. I had confidence in all of you, that you would all share my joy. Amen

빌립보서 4장 6절

아무 것도 염려하지 말고 다만 모든 일에 기도와 간구로, 너희 구할 것을 감사함으로 하나님께 아뢰라 아멘

Philippians 4:6

Do not be anxious about anything, but in every situation, by prayer and petition, with thanksgiving, present your requests to God. Amen

디모데전서 3장 7절

또한 외인에게서도 선한 증거를 얻은 자라야 할지니 비방과 마귀의 올무에 빠질까 염려하라 아멘

1 Timothy 3:7

He must also have a good reputation with outsiders, so that he will not fall into disgrace and into the devil's trap. Amen

베드로전서 5장 7절

너희 염려를 다 주께 맡기라 이는 그가 너희를 돌보심이라 아멘

1 Peter 5:7

Cast all your anxiety on him because he cares for you. Amen

35.
위로의 말씀
Words of Comfort

시편 23편 4절

내가 사망의 음침한 골짜기로 다닐지라도 해를 두려워하지 않을 것은 주께서 나와 함께 하심이라 주의 지팡이와 막대기가 나를 안위하시나이다 아멘

Psalm 23:4

Even though I walk through the darkest valley, I will fear no evil, for you are with me ; your rod and your staff, they comfort me. Amen

시편 55편 22절

네 짐을 여호와께 맡기라 그가 너를 붙드시고 의인의 요동함을 영원히 허락하지 아니하시리로다 아멘

Psalm 55:22

Cast your cares on the LORD and he will sustain you ; he will never let the righteous be shaken. Amen

시편 119편 50절

이 말씀은 나의 고난 중의 위로라 주의 말씀이 나를 살리셨기 때문이니이다 아멘

Psalm 119:50

My comfort in my suffering is this: Your promise preserves my life. Amen

시편 147편 3절

상심한 자들을 고치시며 그들의 상처를 싸매시는도다 아멘

Psalm 147:3

He heals the brokenhearted and binds up their wounds. Amen

이사야 40장 31절

오직 여호와를 앙망하는 자는 새 힘을 얻으리니 독수리가 날개 치며 올라감 같을 것이요 달음박질하여도 곤비하지 아니하겠고 걸어가도 피곤하지 아니하리로다 아멘

Isaiah 40:31

But those who hope in the LORD will renew their strength. They will soar on wings like eagles; they will run and not grow weary, they will walk and not be faint.   Amen

마태복음 11장 28절

수고하고 무거운 짐 진 자들아 다 내게로 오라 내가 너희를
쉬게 하리라 아멘

Matthew 11:28

Come to me, all you who are weary and burdened,
and I will give you rest. Amen

요한복음 14장 27절

평안을 너희에게 끼치노니 곧 나의 평안을 너희에게 주노라
내가 너희에게 주는 것은 세상이 주는 것과 같지 아니하니
라 너희는 마음에 근심도 말고 두려워하지도 말라 아멘

John 14:27

Peace I leave with you; my peace I give you. I do not
give to you as the world gives. Do not let your hearts
be troubled and do not be afraid. Amen

고린도후서 1장 3-4절

찬송하리로다 그는 우리 주 예수 그리스도의 하나님이시요
자비의 아버지시요 모든 위로의 하나님이시며 우리의 모든
환난 중에서 우리를 위로하사 우리로 하여금 하나님께 받는
위로로써 모든 환난 중에 있는 자들을 능히 위로하게 하시
는 이시로다 아멘

2 Corinthians 1:3–4

Praise be to the God and Father of our Lord Jesus Christ, the Father of compassion and the God of all comfort, who comforts us in all our troubles, so that we can comfort those in any trouble with the comfort we ourselves receive from God. Amen

베드로전서 5장 7절

너희 염려를 다 주께 맡기라 이는 그가 너희를 돌보심이라 아멘

1 Peter 5:7

Cast all your anxiety on him because he cares for you. Amen

요한삼서 1장 2절

사랑하는 자여 네 영혼이 잘됨 같이 네가 범사에 잘되고 강건하기를 내가 간구하노라 아멘

3 John 1:2

Dear friend, I pray that you may enjoy good health and that all may go well with you, even as your soul is getting along well. Amen

36.
환난의 말씀
Words on Tribulation

시편 46편 1절

하나님은 우리의 피난처시요 힘이시니 환난 중에 만날 큰
도움이시라 아멘

Psalm 46:1

God is our refuge and strength, an ever-present help
in trouble. Amen

시편 50편 15절

환난 날에 나를 부르라 내가 너를 건지리니 네가 나를 영화
롭게 하리로다 아멘

Psalm 50:15

and Call on me in the day of trouble; I will deliver
you, and you will honor me. Amen

시편 121편 7절

여호와께서 너를 지켜 모든 환난을 면하게 하시며 또 네 영
혼을 지키시리로다 아멘

Psalm 121:7

The LORD will keep you from all harm—he will watch over your life; Amen

이사야 33장 2절

여호와여 우리에게 은혜를 베푸소서 우리가 주를 앙망하오니 주는 아침마다 우리의 팔이 되시며 환난 때에 우리의 구원이 되소서 아멘

Isaiah 33:2

LORD, be gracious to us; we long for you. Be our strength every morning, our salvation in time of distress. Amen

요한복음 16장 33절

이것을 너희에게 이르는 것은 너희로 내 안에서 평안을 누리게 하려 함이라 세상에서는 너희가 환난을 당하나 담대하라 내가 세상을 이기었노라 아멘

John 16:33

"I have told you these things, so that in me you may have peace. In this world you will have trouble. But take heart! I have overcome the world." Amen

로마서 12장 12절

소망 중에 즐거워하며 환난 중에 참으며 기도에 항상 힘쓰며 아멘

Romans 12:12

Be joyful in hope, patient in affliction, faithful in prayer. Amen

고린도후서 1장 4절

우리의 모든 환난 중에서 우리를 위로하사 우리로 하여금 하나님께 받는 위로로써 모든 환난 중에 있는 자들을 능히 위로하게 하시는 이시로다 아멘

2 Corinthians 1:4

Who comforts us in all our troubles, so that we can comfort those in any trouble with the comfort we ourselves receive from God. Amen

고린도후서 1장 5절

그리스도의 고난이 우리에게 넘친 것 같이 우리가 받는 위로도 그리스도로 말미암아 넘치는도다 아멘

2 Corinthians 1:5

For just as we share abundantly in the sufferings of Christ, so also our comfort abounds through Christ. Amen

고린도후서 4장 8절

우리가 사방으로 **우겨쌈을** 당하여도 싸이지 아니하며 답답
한 일을 당하여도 낙심하지 아니하며 아멘

2 Corinthians 4:8

We are hard pressed on every side, but not crushed; perplexed, but not in despair; Amen

고린도후서 4장 9절

박해를 받아도 버린 바 되지 아니하며 거꾸러뜨림을 당하여
도 망하지 아니하고 아멘

2 Corinthians 4:9

Persecuted, but not abandoned; struck down, but not destroyed. Amen

37.

승리의 말씀
Words of Victory

출애굽기 17장 11절

모세가 손을 들면 이스라엘이 이기고 손을 내리면 아말렉이
이기더니 아멘

Exodus 17:11

As long as Moses held up his hands, the Israelites
were winning, but whenever he lowered his hands,
the Amalekites were winning. Amen

레위기 26장 9절

내가 너희를 돌보아 너희를 번성하게 하고 너희를 창대하게
할 것이며 내가 너희와 함께 한 내 언약을 이행하리라 아멘

Leviticus 26:9

I will look on you with favor and make you fruitful
and increase your numbers, and I will keep my
covenant with you. Amen

여호수아 23장 10절

너희 중 한 사람이 천 명을 쫓으리니 이는 너희의 하나님 여호와 그가 너희에게 말씀하신 것 같이 너희를 위하여 싸우심이라 아멘

Joshua 23:10

One of you routs a thousand, because the LORD your God fights for you, just as he promised. Amen

사무엘상 17장 47절

또 여호와의 구원하심이 칼과 창에 있지 아니함을 이 무리에게 알게 하리라 전쟁은 여호와께 속한 것인즉 그가 너희를 우리 손에 넘기시리라 아멘

1 Samuel 17:47

All those gathered here will know that it is not by sword or spear that the LORD saves; for the battle is the LORD's, and he will give all of you into our hands. Amen

사무엘상 26장 25절

사울이 다윗에게 이르되 내 아들 다윗아 네게 복이 있을지로다 네가 큰 일을 행하겠고 반드시 승리를 얻으리라 하니라 다윗은 자기 길로 가고 사울은 자기 곳으로 돌아가니라 아멘

1 Samuel 26:25

Then Saul said to David, "May you be blessed, David my son; you will do great things and surely triumph." So David went on his way, and Saul returned home. Amen

시편 20편 5절

우리가 너의 승리로 말미암아 개가를 부르며 우리 하나님의 이름으로 우리의 깃발을 세우리니 여호와께서 네 모든 기도를 이루어 주시기를 원하노라 아멘

Psalm 20:5

May we shout for joy over your victory and lift up our banners in the name of our God. May the LORD grant all your requests. Amen

이사야 60장 22절

그 작은 자가 천 명을 이루겠고 그 약한 자가 강국을 이룰 것이라 때가 되면 나 여호와가 속히 이루리라 아멘

Isaiah 60:22

The least of you will become a thousand, the smallest a mighty nation. I am the LORD; in its time I will do this swiftly. Amen

고린도전서 9장 25절

이기기를 다투는 자마다 모든 일에 절제하나니 그들은 썩을 승리자의 관을 얻고자 하되 우리는 썩지 아니할 것을 얻고자 하노라 아멘

1 Corinthians 9:25

Everyone who competes in the games goes into strict training. They do it to get a crown that will not last, but we do it to get a crown that will last forever. Amen

고린도전서 15장 57절

우리 주 예수 그리스도로 말미암아 우리에게 승리를 주시는 하나님께 감사하노니 아멘

1 Corinthians 15:57

But thanks be to God! He gives us the victory through our Lord Jesus Christ. Amen

요한일서 5장 4절

무릇 하나님께로부터 난 자마다 세상을 이기느니라 세상을 이기는 승리는 이것이니 우리의 믿음이니라 아멘

1 John 5:4

For everyone born of God overcomes the world. This is the victory that has overcome the world, even our faith. Amen

38.
기도의 말씀
Words on Prayer

시편 104편 34절

나의 기도를 기쁘게 여기시기를 바라나니 나는 여호와로 말미암아 즐거워하리로다 아멘

Psalm 104:34

May my meditation be pleasing to him, as I rejoice in the LORD. Amen

시편 109편 4절

나는 사랑하나 그들은 돌이어 나를 대적하니 나는 기도할 뿐이라 아멘

Psalm 109:4

In return for my friendship they accuse me, but I am a man of prayer. Amen

예레미야 29장 12절

너희가 내게 부르짖으며 내게 와서 기도하면 내가 너희들의 기도를 들을 것이요 아멘

Jeremiah 29:12

Then you will call on me and come and pray to me, and I will listen to you. Amen

예레미야 33장 3절

너희는 내게 부르짖으라 내가 네게 응답하겠고 네가 알지 못하는 크고 은밀한 일을 내게 보이리라 아멘

Jeremiah 33:3

Call to me and I will answer you and tell you great and unsearchable things you do not know. Amen

다니엘 6장 10절

다니엘이 이 조서에 왕의 도장이 찍힌 것을 알고도 자기 집에 돌아가서는 윗방에 올라가 예루살렘으로 향한 창문을 열고 전에 하던 대로 하루 세 번씩 무릎을 꿇고 기도하며 그의 하나님께 감사하였더라 아멘

Daniel 6:10

Now when Daniel learned that the decree had been published, he went home to his upstairs room where the windows opened toward Jerusalem. Three times a day he got down on his knees and prayed, giving thanks to his God, just as he had done before. Amen

마태복음 7장 7절

구하라 그리하면 너희에게 주실 것이요 찾으라 그리하면 찾아낼 것이요 문을 두드리라 그리하면 너희에게 열릴 것이니 아멘

Matthew 7:7

Ask and it will be given to you; seek and you will find; knock and the door will be opened to you. Amen

마태복음 18장 19절

진실로 다시 너희에게 이르노니 너희 중의 두 사람이 땅에서 합심하여 무엇이든지 구하면하늘에 계신 내 아버지께서 그들을 위하여 이루게 하시리라 아멘

Matthew 18:19

Again, truly I tell you that if two of you on earth agree about anything they ask for, it will be done for them by my Father in heaven. Amen

요한복음 15장 7절

너희가 내 안에 거하고 내 말이 너희 안에 거하면 무엇이든지 원하는 대로 구하라 그리하면 이루리라 아멘

John 15:7

If you remain in me and my words remain in you, ask whatever you wish, and it will be done for you. Amen

빌립보서 1장 9절

내가 기도하노라 너희 사랑을 지식과 모든 총명으로 점점 더 풍성하게 하사 아멘

Philippians 1:9

And this is my prayer: that your love may abound more and more in knowledge and depth of insight. Amen

야고보서 1장 5절

너희 중에 누구든지 지혜가 부족하거든 모든 사람에게 후히 주시고 꾸짖지 아니하시는 하나님께 구하라 그리하면 주시리라 아멘

James 1:5

If any of you lacks wisdom, you should ask God, who gives generously to all without finding fault, and it will be given to you. Amen

39.
기도응답의 말씀
Words on Answered Prayer

창세기 20장 17절

아브라함이 하나님께 기도하매 하나님이 아비멜렉과 그의 아내와 여종을 치료하사 출산하게 하셨으니 아멘

Genesis 20:17

Then Abraham prayed to God, and God healed Abimelek, his wife and his female slaves so they could have children again, Amen

시편 2편 8절

내게 구하라 내가 이방 나라를 네 유업으로 주리니 네 소유가 땅 끝까지 이르리로다 아멘

Psalm 2:8

Ask me, and I will make the nations your inheritance, the ends of the earth your possession. Amen

시편 91편 15절

그가 내게 간구하리니 내가 그에게 응답하리라 그들이 환난
당할 때에 내가 그와 함께 하여 그를 건지고 영화롭게 하리
라 아멘

Psalm 91:15

He will call on me, and I will answer him; I will be
with him in trouble, I will deliver him and honor him.
Amen

이사야 38장 5절

너는 가서 히스기야에게 이르기를 네 조상 다윗의 하나님
여호와께서 이같이 말씀하시기를 내가 네 기도를 들었고 네
눈물을 보았노라 내가 네 수한에 십오 년을 더하고 아멘

Isaiah 38:5

"Go and tell Hezekiah, 'This is what the LORD, the
God of your father David, says: I have heard your
prayer and seen your tears; I will add fifteen years to
your life. Amen

고린도전서 14장 15절

그러면 어떻게 할까 내가 영으로 기도하고 또 마음으로 기도
하며 내가 영으로 찬송하고 또 마음으로 찬송하리라 아멘

1 Corinthians 14:15

So what shall I do? I will pray with my spirit, but I will also pray with my understanding; I will sing with my spirit, but I will also sing with my understanding. Amen

에베소서 6장 18절

모든 기도와 간구를 하되 항상 성령 안에서 기도하고 이를 위하여 깨어 구하기를 항상 힘쓰며 여러 성도를 위하여 구하라 아멘

Ephesians 6:18

And pray in the Spirit on all occasions with all kinds of prayers and requests. With this in mind, be alert and always keep on praying for all the Lord's people. Amen

디모데전서 2장 8절

그러므로 각처에서 남자들이 분노와 다툼이 없이 거룩한 손을 들어 기도하기를 원하노라 아멘

1 Timothy 2:8

Therefore I want the men everywhere to pray, lifting up holy hands without anger or disputing. Amen

히브리서 11장 33절

그들은 믿음으로 나라들을 이기기도 하며 의를 행하기도 하며 약속을 받기도 하며 사자들의 입을 막기도 하며 아멘

Hebrews 11:33

Who through faith conquered kingdoms, administered justice, and gained what was promised; who shut the mouths of lions. Amen

야고보서 5장 15절

믿음의 기도는 병든 자를 구원하리니 주께서 그를 일으키시리라 혹시 죄를 범하였을지라도 사하심을 받으리라 아멘

James 5:15

And the prayer offered in faith will make the sick person well; the Lord will raise them up. If they have sinned, they will be forgiven. Amen

6. 요한일서 5장 15절

우리가 무엇이든지 구하는 바를 들으시는 줄을 안즉 우리가 그에게 구한 그것을 얻은 줄을 또한 아느니라 아멘

1 John 5:15

And if we know that he hears us—whatever we ask—we know that we have what we asked of him. Amen

40.
성령충만의 말씀
Words on Being Filled with the Holy Spirit

스가랴 4장 6절

그가 내게 대답하여 이르되 여호와께서 스룹바벨에게 하신 말씀이 이러하니라 만군의 여호와께서 말씀하시되 이는 힘으로 되지 아니하며 능력으로 되지 아니하고 오직 나의 영으로 되느니라 아멘

Zechariah 4:6

So he said to me, "This is the word of the LORD to Zerubbabel : 'Not by might nor by power, but by my Spirit,' says the LORD Almighty. Amen

스가랴 4장 7절

큰 산아 네가 무엇이냐 네가 스룹바벨 앞에서 평지가 되리라 그가 머릿돌을 내놓을 때에 무리가 외치기를 은총, 은총이 그에게 있을지어다 하리라 하셨고 아멘

Zechariah 4:7

"What are you, mighty mountain? Before Zerubbabel you will become level ground. Then he will bring out the capstone to shouts of 'God bless it! God bless it!'"

Amen

요한복음 14장 26절

보혜사 곧 아버지께서 내 이름으로 보내실 성령 그가 너희에게 모든 것을 가르치고 내가 너희에게 말한 모든 것을 생각나게 하리라 아멘

John 14:26

But the Advocate, the Holy Spirit, whom the Father will send in my name, will teach you all things and will remind you of everything I have said to you.

Amen

요한복음 15장 26절

내가 아버지께로부터 너희에게 보낼 보혜사 곧 아버지께로부터 나오시는 진리의 성령이 오실 때에 그가 나를 증언하실 것이요 아멘

John 15:26

When the Advocate comes, whom I will send to you from the Father—the Spirit of truth who goes out from the Father—he will testify about me. Amen

요한복음 16장 13절

그러나 진리의 성령이 오시면 그가 너희를 모든 진리 가운데로 인도하시리니 그가 스스로 말하지 않고 오직 들은 것을 말하며 장래 일을 너희에게 알리시리라 아멘

John 16:13

But when he, the Spirit of truth, comes, he will guide you into all the truth. He will not speak on his own; he will speak only what he hears, and he will tell you what is yet to come. Amen

사도행전 2장 4절

그들이 다 성령의 충만함을 받고 성령이 말하게 하심을 따라 다른 언어들로 말하기를 시작하니라 아멘

Acts 2:4

All of them were filled with the Holy Spirit and began to speak in other tongues as the Spirit enabled them. Amen

사도행전 2장 38절

베드로가 이르되 너희가 회개하여 각각 예수 그리스도의 이름으로 세례를 받고 죄 사함을 받으라 그리하면 성령의 선물을 받으리니 아멘

Acts 2:38

Peter replied, "Repent and be baptized, every one of you, in the name of Jesus Christ for the forgiveness of your sins. And you will receive the gift of the Holy Spirit." Amen

로마서 8장 27절

마음을 살피시는 이가 성령의 생각을 아시나니 이는 성령이 하나님의 뜻대로 성도를 위하여 간구하심이니라

Romans 8:27

And he who searches our hearts knows the mind of the Spirit, because the Spirit intercedes for God's people in accordance with the will of God. Amen

에베소서 1장 17절

우리 주 예수 그리스도의 하나님, 영광의 아버지께서 지혜와 계시의 영을 너희에게 주사 하나님을 알게 하시고 아멘

Ephesians 1:17

I keep asking that the God of our Lord Jesus Christ, the glorious Father, may give you the Spirit of wisdom and revelation, so that you may know him better. Amen

에베소서 5장 18절

술 취하지 말라 이는 방탕한 것이니 오직 성령으로 충만함을 받으라 아멘

Ephesians 5:18

Do not get drunk on wine, which leads to debauchery. Instead, be filled with the Spirit, Amen

V.

구원의 말씀
Words of Salvation

41.
하나님의 말씀
Words of God

신명기 1장 21절

너희의 하나님 여호와께서 이 땅을 너희 앞에 두셨은즉 너희 조상의 하나님 여호와께서 너희에게 이르신 대로 올라가서 차지하라 두려워하지 말라 주저하지 말라 한즉 아멘

Deuteronomy 1:21

See, the Lord your God has given you the land. Go up and take possession of it as the Lord, the God of your ancestors, told you. Do not be afraid; do not be discouraged. Amen

신명기 7장 21절

너는 그들을 두려워하지 말라 너희의 하나님 여호와 곧 크고 두려운 하나님이 너희 중에 계심이니라 아멘

Deuteronomy 7:21

Do not be terrified by them, for the Lord your God, who is among you, is a great and awesome God. Amen

사무엘상 2장 7절

여호와는 가난하게도 하시고 부하게도 하시며 낮추기도 하시고 높이기도 하시는도다 아멘

1 Samuel 2:7

The LORD sends poverty and wealth ; he humbles and he exalts. Amen

사무엘상 16장 7절

여호와께서 사무엘에게 이르시되 그의 용모와 키를 보지 말라 내가 이미 그를 버렸노라 내가 보는 것은 사람과 같지 아니하니 사람은 외모를 보거니와 나 여호와는 중심을 보느니라 하시더라 아멘

1 Samuel 16:7

But the LORD said to Samuel, "Do not consider his appearance or his height, for I have rejected him. The LORD does not look at the things people look at. People look at the outward appearance, but the LORD looks at the heart." Amen

욥기 5장 18절

하나님은 아프게 하시다가 싸매시며 상하게 하시다가 그의 손으로 고치시나니 아멘

Job 5:18

For he wounds, but he also binds up; he injures, but his hands also heal. Amen

시편 27편 1절

여호와는 나의 빛이요 나의 구원이시니 내가 누구를 두려워하리요 여호와는 내 생명의 능력이시니 내가 누구를 무서워하리요 아멘

Psalm 27:1

The LORD is my light and my salvation—whom shall I fear? The LORD is the stronghold of my life—of whom shall I be afraid? Amen

시편 62편 5절

나의 영혼아 잠잠히 하나님만 바라라 무릇 나의 소망이 그로부터 나오는도다 아멘

Psalm 62:5

Yes, my soul, find rest in God; my hope comes from him. Amen

마태복음 22장 32절

나는 아브라함의 하나님이요 이삭의 하나님이요 야곱의 하나님이로라 하신 것을 읽어 보지 못하였느냐 하나님은 죽은

자의 하나님이 아니요 살아 있는 자의 하나님이시니라 하시
니 아멘

Matthew 22:32

'I am the God of Abraham, the God of Isaac, and the
God of Jacob'? He is not the God of the dead but of
the living. Amen

요한복음 1장 1절

태초에 말씀이 계시니라 이 말씀이 하나님과 함께 계셨으니
이 말씀은 곧 하나님이시니라 아멘

John 1:1

In the beginning was the Word, and the Word was
with God, and the Word was God. Amen

로마서 8장 28절

우리가 알거니와 하나님을 사랑하는 자 곧 그의 뜻대로 부
르심을 입은 자들에게는 모든 것이 합력하여 선을 이루느니
라 아멘

Romans 8:28

And we know that in all things God works for the
good of those who love him, who have been called
according to his purpose. Amen

42.
예수님의 말씀
Words of Jesus

마태복음 14장 27절

예수께서 즉시 이르시되 안심하라 나니 두려워하지 말라 아멘

Matthew 14:27

But Jesus immediately said to them : "Take courage! It is I. Don't be afraid." Amen

마태복음 16장 23절

예수께서 돌이키시며 베드로에게 이르시되 사탄아 내 뒤로 물러 가라 너는 나를 넘어지게 하는 자로다 네가 하나님의 일을 생각하지 아니하고 도리어 사람의 일을 생각하는도다 하시고 아멘

Matthew 16:23

Jesus turned and said to Peter, "Get behind me, Satan! You are a stumbling block to me ; you do not have in mind the concerns of God, but merely human concerns." Amen

마가복음 10장 52절

예수께서 이르시되 가라 네 믿음이 너를 구원하였느니라 하
시니 그가 곧 보게 되어 예수를 길에서 따르니라 아멘

Mark 10:52

"Go," said Jesus, "your faith has healed you."
Immediately he received his sight and followed Jesus
along the road. Amen

누가복음 5장 16절

예수는 물러가사 한적한 곳에서 기도하시니라 아멘

Luke 5:16

But Jesus often withdrew to lonely places and prayed.
Amen

요한복음 6장 35절

예수께서 이르시되 나는 생명의 떡이니 내게 오는 자는 결
코 주리지 아니할 터이요 나를 믿는 자는 영원히 목마르지
아니하리라 아멘

John 6:35

Then Jesus declared, "I am the bread of life. Whoever
comes to me will never go hungry, and whoever
believes in me will never be thirsty." Amen

요한복음 14장 6절

예수께서 이르시되 내가 곧 길이요 진리요 생명이니 나로 말미암지 않고는 아버지께로 올 자가 없느니라 아멘

John 14:6

Jesus answered, "I am the way and the truth and the life. No one comes to the Father except through me." Amen

로마서 13장 14절

오직 주 예수 그리스도로 옷 입고 정욕을 위하여 육신의 일을 도모하지 말라 아멘

Romans 13:14

Rather, clothe yourselves with the Lord Jesus Christ, and do not think about how to gratify the desires of the flesh. Amen

로마서 14장 8절

우리가 살아도 주를 위하여 살고 죽어도 주를 위하여 죽나니 그러므로 사나 죽으나 우리가 주의 것이로다 아멘

Romans 14:8

If we live, we live for the Lord; and if we die, we die for the Lord. So, whether we live or die, we belong to the Lord. Amen

히브리서 13장 8절

예수 그리스도는 어제나 오늘이나 영원토록 동일하시니라 아멘

Hebrews 13:8

Jesus Christ is the same yesterday and today and forever. Amen

요한일서 3장 8절

죄를 짓는 자는 마귀에게 속하나니 마귀는 처음부터 범죄함 이라 하나님의 아들이 나타나신 것은 마귀의 일을 멸하려 하심이라 아멘

1 John 3:8

The one who does what is sinful is of the devil, because the devil has been sinning from the beginning. The reason the Son of God appeared was to destroy the devil's work. Amen

43.

성령님의 말씀
Words of the Holy Spirit

창세기 41장 38절

바로가 그의 신하들에게 이르되 이와 같이 하나님의 영에 감동된 사람을 우리가 어찌 찾을 수 있으리요 하고 아멘

Genesis 41:38

So Pharaoh asked them, "Can we find anyone like this man, one in whom is the spirit of God?" Amen

사무엘상 16장 13절

사무엘이 기름 뿔병을 가져다가 그의 형제 중에서 그에게 부었더니 이 날 이후로 다윗이 여호와의 영에게 크게 감동 되니라 사무엘이 떠나서 라마로 가니라 아멘

1 Samuel 16:13

So Samuel took the horn of oil and anointed him in the presence of his brothers, and from that day on the Spirit of the LORD came powerfully upon David. Samuel then went to Ramah. Amen

요엘 2장 28절

그 후에 내가 내 영을 만민에게 부어 주리니 너희 자녀들이
장래 일을 말할 것이며 너희 늙은이는 꿈을 꾸며 너희 젊은
이는 이상을 볼 것이며 아멘

Joel 2:28

And afterward, I will pour out my Spirit on all people.
Your sons and daughters will prophesy, your old men
will dream dreams, your young men will see visions.
Amen

사도행전 1장 8절

오직 성령이 너희에게 임하시면 너희가 권능을 받고 예루살
렘과 온 유대와 사마리아와 땅 끝까지 이르러 내 증인이 되
리라 하시니라 아멘

Acts 1:8

But you will receive power when the Holy Spirit
comes on you; and you will be my witnesses in
Jerusalem, and in all Judea and Samaria, and to the
ends of the earth. Amen

사도행전 4장 31절

빌기를 다하매 모인 곳이 진동하더니 무리가 다 성령이 충
만하여 담대히 하나님의 말씀을 전하니라 아멘

Acts 4:31

After they prayed, the place where they were meeting was shaken. And they were all filled with the Holy Spirit and spoke the word of God boldly. Amen

로마서 8장 26절

이와 같이 성령도 우리의 연약함을 도우시나니 우리는 마땅히 기도할 바를 알지 못하나 오직 성령이 말할 수 없는 탄식으로 우리를 위하여 친히 간구하시느니라 아멘

Romans 8:26

In the same way, the Spirit helps us in our weakness. We do not know what we ought to pray for, but the Spirit himself intercedes for us through wordless groans. Amen

로마서 8장 27절

마음을 살피시는 이가 성령의 생각을 아시나니 이는 성령이 하나님의 뜻대로 성도를 위하여 간구하심이니라 아멘

Romans 8:27

And he who searches our hearts knows the mind of the Spirit, because the Spirit intercedes for God's people in accordance with the will of God. Amen

로마서 12장 8절

혹 위로하는 자면 위로하는 일로, 구제하는 자는 성실함으로, 다스리는 자는 부지런함으로, 긍휼을 베푸는 자는 즐거움으로 할 것이니라 아멘

Romans 12:8

If it is to encourage, then give encouragement; if it is giving, then give generously; if it is to lead, do it diligently; if it is to show mercy, do it cheerfully. Amen

고린도전서 3장 16절

너희는 너희가 하나님의 성전인 것과 하나님의 성령이 너희 안에 계시는 것을 알지 못하느냐 아멘

1 Corinthians 3:16

Don't you know that you yourselves are God's temple and that God's Spirit dwells in your midst? Amen

고린도전서 12장 3절

그러므로 내가 너희에게 알리노니 하나님의 영으로 말하는 자는 누구든지 예수를 저주할 자라 하지 아니하고 또 성령으로 아니하고는 누구든지 예수를 주시라 할 수 없느니라 아멘

1 Corinthians 12:3

Therefore I want you to know that no one who is speaking by the Spirit of God says, "Jesus be cursed," and no one can say, "Jesus is Lord," except by the Holy Spirit. Amen

44.

생명의 말씀
Words of Life

민수기 14장 28절

그들에게 이르기를 여호와의 말씀에 내 삶을 두고 맹세하
노라 너희 말이 내 귀에 들린 대로 내가 너희에게 행하리니
아멘

Numbers 14:28

So tell them, 'As surely as I live,' declares the LORD, 'I
will do to you the very thing I heard you say: Amen

사무엘상 22장 23절

두려워하지 말고 내게 있으라 내 생명을 찾는 자가 네 생명도
찾는 자니 네가 나와 함께 있으면 안전하리라 하니라 아멘

1 Samuel 22:23

Stay with me; don't be afraid. The man who wants to
kill you is trying to kill me too. You will be safe with
me. Amen

잠언 8장 35절

대저 나를 얻는 자는 생명을 얻고 여호와께 은총을 얻을 것임이니라 아멘

Proverbs 8:35

For those who find me find life and receive favor from the LORD. Amen

에스겔 16장 6절

내가 네 곁으로 지나갈 때에 네가 피투성이가 되어 발짓하는 것을 보고 네게 이르기를 너는 피투성이라도 살아 있으라 다시 이르기를 너는 피투성이라도 살아 있으라 하고 아멘

Ezekiel 16:6

"'Then I passed by and saw you kicking about in your blood, and as you lay there in your blood I said to you, "Live!" Amen

요한복음 5장 24절

내가 진실로 진실로 너희에게 이르노니 내 말을 듣고 또 나 보내신 이를 믿는 자는 영생을 얻었고 심판에 이르지 아니하나니 사망에서 생명으로 옮겼느니라 아멘

John 5:24

Very truly I tell you, whoever hears my word and believes him who sent me has eternal life and will not be judged but has crossed over from death to life. Amen

요한복음 8장 12절

예수께서 또 말씀하여 이르시되 나는 세상의 빛이니 나를 따르
는 자는 어둠에 다니지 아니하고 생명의 빛을 얻으리라 아멘

John 8:12

When Jesus spoke again to the people, he said, "I am
the light of the world. Whoever follows me will never
walk in darkness, but will have the light of life." Amen

요한복음 20장 31절

오직 이것을 기록함은 너희로 예수께서 하나님의 아들 그리
스도이심을 믿게 하려 함이요 또 너희로 믿고 그 이름을 힘
입어 생명을 얻게 하려 함이니라 아멘

John 20:31

But these are written that you may believe that Jesus
is the Messiah, the Son of God, and that by believing
you may have life in his name. Amen

사도행전 20장 24절

내가 달려갈 길과 주 예수께 받은 사명 곧 하나님의 은혜의
복음을 증언하는 일을 마치려 함에는 나의 생명조차 조금도
귀한 것으로 여기지 아니하노라 아멘

Acts 20:24

However, I consider my life worth nothing to me; my only aim is to finish the race and complete the task the Lord Jesus has given me—the task of testifying to the good news of God's grace. Amen

로마서 8장 6절

육신의 생각은 사망이요 영의 생각은 생명과 평안이니라 아멘

Romans 8:6

The mind governed by the flesh is death, but the mind governed by the Spirit is life and peace. Amen

고린도후서 1장 20절

하나님의 약속은 얼마든지 그리스도 안에서 예가 되니 그런즉 그로 말미암아 우리가 아멘 하여 하나님께 영광을 돌리게 되느니라 아멘

2 Corinthians 1:20

For no matter how many promises God has made, they are "Yes" in Christ. And so through him the "Amen" is spoken by us to the glory of God. Amen

45.

보혈의 말씀
Words on the Blood of Christ

레위기 17장 11절

육체의 생명은 피에 있음이라 내가 이 피를 너희에게 주어 제단에 뿌려 너희의 생명을 위하여 속죄하게 하였나니 생명이 피에 있으므로 피가 죄를 속하느니라 아멘

Leviticus 17:11

For the life of a creature is in the blood, and I have given it to you to make atonement for yourselves on the altar; it is the blood that makes atonement for one's life. Amen

시편 103편 3절

그가 네 모든 죄악을 사하시며 네 모든 병을 고치시며 아멘

Psalm 103:3

Who forgives all your sins and heals all your diseases, Amen

이사야 53장 6절

우리는 다 양 같아서 그릇 행하여 각기 제 길로 갔거늘 여호와께서는 우리 모두의 죄악을 그에게 담당시키셨도다 아멘

Isaiah 53:6

We all, like sheep, have gone astray, each of us has turned to our own way; and the LORD has laid on him the iniquity of us all. Amen

호세아 6장 1절

오라 우리가 여호와께로 돌아가자 여호와께서 우리를 찢으셨으나 도로 낫게 하실 것이요 우리를 치셨으나 싸매어 주실 것임이라 아멘

Hosea 6:1

Come, let us return to the LORD. He has torn us to pieces but he will heal us; he has injured us but he will bind up our wounds. Amen

로마서 13장 13절

낮에와 같이 단정히 행하고 방탕하거나 술 취하지 말며 음란하거나 호색하지 말며 다투거나 시기하지 말고 아멘

Romans 13:13

Let us behave decently, as in the daytime, not in carousing and drunkenness, not in sexual immorality and debauchery, not in dissension and jealousy. Amen

고린도전서 1장 18절

십자가의 도가 멸망하는 자들에게는 미련한 것이요 구원을 받는 우리에게는 하나님의 능력이라 아멘

1 Corinthians 1:18

For the message of the cross is foolishness to those who are perishing, but to us who are being saved it is the power of God. Amen

고린도전서 1장 30절

너희는 하나님으로부터 나서 그리스도 예수 안에 있고 예수는 하나님으로부터 나와서 우리에게 지혜와 의로움과 거룩함과 구원함이 되셨으니 아멘

1 Corinthians 1:30

It is because of him that you are in Christ Jesus, who has become for us wisdom from God—that is, our righteousness, holiness and redemption. Amen

갈라디아서 2장 20절

내가 그리스도와 함께 십자가에 못 박혔나니 그런즉 이제는 내가 사는 것이 아니요 오직 내 안에 그리스도께서 사시는 것이라 이제 내가 육체 가운데 사는 것은 나를 사랑하사 나를 위하여 자기 자신을 버리신 하나님의 아들을 믿는 믿음 안에서 사는 것이라 아멘

Galatians 2:20

I have been crucified with Christ and I no longer live, but Christ lives in me. The life I now live in the body, I live by faith in the Son of God, who loved me and gave himself for me. Amen

요한일서 1장 7절

그가 빛 가운데 계신 것 같이 우리가 빛 가운데 행하면 우리가 서로 사귐이 있고 그 아들 예수의 피가 우리를 모든 죄에서 깨끗하게 하실 것이요 아멘

1 John 1:7

But if we walk in the light, as he is in the light, we have fellowship with one another, and the blood of Jesus, his Son, purifies us from all sin. Amen

요한일서 1장 9절

만일 우리가 우리 죄를 자백하면 그는 미쁘시고 의로우사 우리 죄를 사하시며 우리를 모든 불의에서 깨끗하게 하실 것이요 아멘

1 John 1:9

If we confess our sins, he is faithful and just and will forgive us our sins and purify us from all unrighteousness. Amen

46.

구원의 말씀
Words of Salvation

출애굽기 14장 13절

모세가 백성에게 이르되 너희는 두려워하지 말고 가만히 서서 여호와께서 오늘 너희를 위하여 행하시는 구원을 보라 너희가 오늘 본 애굽 사람을 영원히 다시 보지 아니하리라 아멘

Exodus 14:13

Moses answered the people, "Do not be afraid. Stand firm and you will see the deliverance the LORD will bring you today. he Egyptians you see today you will never see again." Amen

시편 3편 8절

구원은 여호와께 있사오니 주의 복을 주의 백성에게 내리소서 아멘

Psalm 3:8

From the LORD comes deliverance. May your blessing be on your people. Amen

이사야 12장 2절

보라 하나님은 나의 구원이시라 내가 신뢰하고 두려움이 없
으리니 주 여호와는 나의 힘이시며 나의 노래시며 나의 구
원이심이라 아멘

Isaiah 12:2

Surely God is my salvation; I will trust and not be
afraid. The LORD, the LORD himself, is my strength
and my defense; he has become my salvation. Amen

예레미야 1장 8절

너는 그들 때문에 두려워하지 말라 내가 너와 함께 하여 너
를 구원하리라 나 여호와의 말이니라 하시고 아멘

Jeremiah 1:8

Do not be afraid of them, for I am with you and will
rescue you," declares the LORD. Amen

마태복음 9장 22절

예수께서 돌이켜 그를 보시며 이르시되 딸아 안심하라 네
믿음이 너를 구원하였다 하시니 여자가 그 즉시 구원을 받
으니라 아멘

Matthew 9:22

Jesus turned and saw her. "Take heart, daughter," he said, "your faith has healed you." And the woman was healed at that moment. Amen

사도행전 2장 47절

하나님을 찬미하며 또 온 백성에게 칭송을 받으니 주께서 구원 받는 사람을 날마다 더하게 하시니라 아멘

Acts 2:47

Praising God and enjoying the favor of all the people. And the Lord added to their number daily those who were being saved. Amen

사도행전 4장 12절

다른 이로써는 구원을 받을 수 없나니 천하 사람 중에 구원을 받을 만한 다른 이름을 우리에게 주신 일이 없음이라 하였더라 아멘

Acts 4:12

Salvation is found in no one else, for there is no other name under heaven given to mankind by which we must be saved. Amen

사도행전 16장 31절

이르되 주 예수를 믿으라 그리하면 너와 네 집이 구원을 받으리라 하고 아멘

Acts 16:31

They replied, "Believe in the Lord Jesus, and you will be saved-you and your household." Amen

로마서 10장 10절

사람이 마음으로 믿어 의에 이르고 입으로 시인하여 구원에 이르느니라 아멘

Romans 10:10

For it is with your heart that you believe and are justified, and it is with your mouth that you profess your faith and are saved. Amen

에베소서 6장 17절

구원의 투구와 성령의 검 곧 하나님의 말씀을 가지라 아멘

Ephesians 6:17

Take the helmet of salvation and the sword of the Spirit, which is the word of God. Amen

47.

부활의 말씀
Words of Resurrection

열왕기하 4장 35절

엘리사가 내려서 집 안에서 한 번 이리 저리 다니고 다시 아이 위에 올라 엎드리니 아이가 일곱 번 재채기 하고 눈을 뜨는지라 아멘

2 Kings 4:35

Elisha turned away and walked back and forth in the room and then got on the bed and stretched out on him once more. The boy sneezed seven times and opened his eyes. Amen

누가복음 7장 15절

죽었던 자가 일어나 앉고 말도 하거늘 예수께서 그를 어머니에게 주시니 아멘

Luke 7:15

The dead man sat up and began to talk, and Jesus gave him back to his mother. Amen

요한복음 5장 29절

선한 일을 행한 자는 생명의 부활로, 악한 일을 행한 자는 심판의 부활로 나오리라 아멘

John 5:29

Those who have done what is good will rise to live, and those who have done what is evil will rise to be condemned. Amen

요한복음 11장 25절

예수께서 이르시되 나는 부활이요 생명이니 나를 믿는 자는 죽어도 살겠고 아멘

John 11:25

Jesus said to her, "I am the resurrection and the life. The one who believes in me will live, even though they die; Amen

요한복음 11장 44절

죽은 자가 수족을 베로 동인 채로 나오는데 그 얼굴은 수건에 싸였더라 예수께서 이르시되 풀어 놓아 다니게 하라 하시니라 아멘

John 11:44

The dead man came out, his hands and feet wrapped with strips of linen, and a cloth around his face. Jesus said to them, "Take off the grave clothes and let him go." Amen

사도행전 1장 3절

그가 고난 받으신 후에 또한 그들에게 확실한 많은 증거로 친히 살아 계심을 나타내사 사십 일 동안 그들에게 보이시며 하나님 나라의 일을 말씀하시니라 아멘

Acts 1:3

After his suffering, he presented himself to them and gave many convincing proofs that he was alive. He appeared to them over a period of forty days and spoke about the kingdom of God. Amen

사도행전 4장 33절

사도들이 큰 권능으로 주 예수의 부활을 증언하니 무리가 큰 은혜를 받아 아멘

Acts 4:33

With great power the apostles continued to testify to the resurrection of the Lord Jesus. And God's grace was so powerfully at work in them all. Amen

사도행전 17장 31절

이는 정하신 사람으로 하여금 천하를 공의로 심판할 날을 작
정하시고 이에 그를 죽은 자 가운데서 다시 살리신 것으로
모든 사람에게 믿을 만한 증거를 주셨음이니라 하니라 아멘

Acts 17:31

For he has set a day when he will judge the world
with justice by the man he has appointed. He has
given proof of this to everyone by raising him from
the dead. Amen

고린도전서 15장 4절

장사 지낸 바 되셨다가 성경대로 사흘 만에 다시 살아나사
아멘

1 Corinthians 15:4

That he was buried, that he was raised on the third
day according to the Scriptures. Amen

고린도전서 15장 17절

그리스도께서 다시 살아나신 일이 없으면 너희의 믿음도 헛
되고 너희가 여전히 죄 가운데 있을 것이요 아멘

1 Corinthians 15:17

And if Christ has not been raised, your faith is futile;
you are still in your sins. Amen

48.
교회의 말씀
Words on the Church

시편 27편 4절

내가 여호와께 바라는 한 가지 일 그것을 구하리니 곧 내가
내 평생에 여호와의 집에 살면서 여호와의 아름다움을 바라
보며 그의 성전에서 사모하는 그것이라 아멘

Psalm 27:4

One thing I ask from the LORD, this only do I seek：
that I may dwell in the house of the LORD all the days
of my life, to gaze on the beauty of the LORD and to
seek him in his temple. Amen

마태복음 16장 18절

또 내가 네게 이르노니 너는 베드로라 내가 이 반석 위에 내
교회를 세우리니 음부의 권세가 이기지 못하리라 아멘

Matthew 16:18

And I tell you that you are Peter, and on this rock I
will build my church, and the gates of Hades will not
overcome it. Amen

고린도전서 7장 17절

오직 주께서 각 사람에게 나눠 주신 대로 하나님이 각 사람을 부르신 그대로 행하라 내가 모든 교회에서 이와 같이 명하노라 아멘

1 Corinthians 7:17

Nevertheless, each person should live as a believer in whatever situation the Lord has assigned to them, just as God has called them. This is the rule I lay down in all the churches. Amen

고린도전서 12장 28절

하나님이 교회 중에 몇을 세우셨으니 첫째는 사도요 둘째는 선지자요 셋째는 교사요 그 다음은 능력을 행하는 자요 그 다음은 병 고치는 은사와 서로 돕는 것과 다스리는 것과 각종 방언을 말하는 것이라 아멘

1 Corinthians 12:28

And God has placed in the church first of all apostles, second prophets, third teachers, then miracles, then gifts of healing, of helping, of guidance, and of different kinds of tongues. Amen

고린도전서 14장 33절

하나님은 무질서의 하나님이 아니시요 오직 화평의 하나님
이시니라 모든 성도가 교회에서 함과 같이 아멘

1 Corinthians 14:33

For God is not a God of disorder but of peace—as in
all the congregations of the Lord's people. Amen

고린도후서 8장 24절

그러므로 너희는 여러 교회 앞에서 너희의 사랑과 너희에
대한 우리 자랑의 증거를 그들에게 보이라 아멘

2 Corinthians 8:24

Therefore show these men the proof of your love and
the reason for our pride in you, so that the churches
can see it. Amen

에베소서 1장 23절

교회는 그의 몸이니 만물 안에서 만물을 충만하게 하시는
이의 충만함이니라 아멘

Ephesians 1:23

Which is his body, the fullness of him who fills
everything in every way. Amen

에베소서 5장 27절

자기 앞에 영광스러운 교회로 세우사 티나 주름 잡힌 것이나 이런 것들이 없이 거룩하고 흠이 없게 하려 하심이라 아멘

Ephesians 5:27

and to present her to himself as a radiant church, without stain or wrinkle or any other blemish, but holy and blameless. Amen

골로새서 1장 25절

내가 교회의 일꾼 된 것은 하나님이 너희를 위하여 내게 주신 직분을 따라 하나님의 말씀을 이루려 함이니라 아멘

Colossians 1:25

I have become its servant by the commission God gave me to present to you the word of God in its fullness— Amen

요한계시록 22장 16절

나 예수는 교회들을 위하여 내 사자를 보내어 이것들을 너희에게 증언하게 하였노라 나는 다윗의 뿌리요 자손이니 곧 광명한 새벽 별이라 하시더라 아멘

Revelation 22:16

"I, Jesus, have sent my angel to give you this testimony for the churches. I am the Root and the Offspring of David, and the bright Morning Star." Amen

49.
헌신의 말씀
Words on Dedication

출애굽기 32장 29절

모세가 이르되 각 사람이 자기의 아들과 자기의 형제를 쳤
으니 오늘 여호와께 헌신하게 되었느니라 그가 오늘 너희에
게 복을 내리시리라 아멘

Exodus 32:29

Then Moses said, "You have been set apart to the
LORD today, for you were against your own sons and
brothers, and he has blessed you this day." Amen

사사기 5장 2절

이스라엘의 영솔자들이 영솔하였고 백성이 즐거이 헌신하
였으니 여호와를 찬송하라 아멘

Judges 5:2

"When the princes in Israel take the lead, when the
people willingly offer themselves—praise the LORD!
Amen

사사기 5장 9절

내 마음이 이스라엘의 방백을 사모함은 그들이 백성 중에서
즐거이 헌신하였음이니 여호와를 찬송하라 아멘

Judges 5:9

My heart is with Israel's princes, with the willing
volunteers among the people. Praise the LORD!
Amen

시편 110편 3절

주의 권능의 날에 주의 백성이 거룩한 옷을 입고 즐거이 헌신
하니 새벽 이슬 같은 주의 청년들이 주께 나오는도다 아멘

Psalm 110:3

Your troops will be willing on your day of battle.
Arrayed in holy splendor, your young men will come
to you like dew from the morning's womb. Amen

마태복음 6장 33절

그런즉 너희는 먼저 그의 나라와 그의 의를 구하라 그리하
면 이 모든 것을 너희에게 더하시리라 아멘

Matthew 6:33

But seek first his kingdom and his righteousness, and
all these things will be given to you as well. Amen

요한복음 12장 24절

내가 진실로 진실로 너희에게 이르노니 한 알의 밀이 땅에 떨어져 죽지 아니하면 한 알 그대로 있고 죽으면 많은 열매를 맺느니라 아멘

John 12:24

Very truly I tell you, unless a kernel of wheat falls to the ground and dies, it remains only a single seed. But if it dies, it produces many seeds. Amen

로마서 12장 11절

부지런하여 게으르지 말고 열심을 품고 주를 섬기라 아멘

Romans 12:11

Never be lacking in zeal, but keep your spiritual fervor, serving the Lord. Amen

갈라디아서 6장 6절

가르침을 받는 자는 말씀을 가르치는 자와 모든 좋은 것을 함께 하라 아멘

Galatians 6:6

Nevertheless, the one who receives instruction in the word should share all good things with their instructor. Amen

베드로전서 1장 2절

곧 하나님 아버지의 미리 아심을 따라 성령이 거룩하게 하심으로 순종함과 예수 그리스도의 피 뿌림을 얻기 위하여 택하심을 받은 자들에게 편지하노니 은혜와 평강이 너희에게 더욱 많을지어다 아멘

1 Peter 1:2

Who have been chosen according to the foreknowledge of God the Father, through the sanctifying work of the Spirit, to be obedient to Jesus Christ and sprinkled with his blood: Grace and peace be yours in abundance. Amen

요한이서 1장 3절

은혜와 긍휼과 평강이 하나님 아버지와 아버지의 아들 예수 그리스도께로부터 진리와 사랑 가운데서 우리와 함께 있으리라 아멘

2 John 1:3

Grace, mercy and peace from God the Father and from Jesus Christ, the Father's Son, will be with us in truth and love. Amen

50.
신앙 계승의 말씀
Words on Passing Down the Faith

시편 34편 14절

악을 버리고 선을 행하며 화평을 찾아 따를지어다 아멘

Psalm 34:14

Turn from evil and do good; seek peace and pursue it. Amen

시편 126편 5-6절

눈물을 흘리며 씨를 뿌리는 자는 기쁨으로 거두리로다 울며 씨를 뿌리러 나가는 자는 반드시 기쁨으로 그 곡식 단을 가지고 돌아오리로다 아멘

Psalm 126:5-6

Those who sow with tears will reap with songs of joy. Those who go out weeping, carrying seed to sow, will return with songs of joy, carrying sheaves with them. Amen

마태복음 28장 19-20절

그러므로 너희는 가서 모든 민족을 제자로 삼아 아버지와 아들과 성령의 이름으로 세례를 베풀고 내가 너희에게 분부한 모든 것을 가르쳐 지키게 하라 볼지어다 내가 세상 끝날까지 너희와 항상 함께 있으리라 하시니라 아멘

Matthew 28:19-20

Therefore go and make disciples of all nations, baptizing them in the name of the Father and of the Son and of the Holy Spirit, and teaching them to obey everything I have commanded you. And surely I am with you always, to the very end of the age. Amen

로마서 1장 14-15절

헬라인이나 야만인이나 지혜 있는 자나 어리석은 자에게 다 내가 빚진지라 그러므로 나는 할 수 있는 대로 로마에 있는 너희에게도 복음 전하기를 원하노라 아멘

Romans 1:14-15

I am obligated both to Greeks and non—Greeks, both to the wise and the foolish. That is why I am so eager to preach the gospel also to you who are in Rome. Amen

로마서 10장 15절

보내심을 받지 아니하였으면 어찌 전파하리요 기록된 바 아름답도다 좋은 소식을 전하는 자들의 발이여 함과 같으니라 아멘

Romans 10:15

And how can anyone preach unless they are sent? As it is written: "How beautiful are the feet of those who bring good news!" Amen

고린도전서 10장 31절

그런즉 너희가 먹든지 마시든지 무엇을 하든지 다 하나님의 영광을 위하여 하라 아멘

1 Corinthians 10:31

So whether you eat or drink or whatever you do, do it all for the glory of God. Amen

빌립보서 1장 27-28절

오직 너희는 그리스도의 복음에 합당하게 생활하라 이는 내가 너희에게 가 보나 떠나 있으나 너희가 한마음으로 서서 한 뜻으로 복음의 신앙을 위하여 협력하는 것과 무슨 일에든지 대적하는 자들 때문에 두려워하지 아니하는 이 일을 듣고자 함이라 이것이 그들에게는 멸망의 증거요 너희에게는 구원의 증거니 이는 하나님께로부터 난 것이라 아멘

Philippians 1:27-28

Whatever happens, conduct yourselves in a manner
worthy of the gospel of Christ. Then, whether I come
and see you or only hear about you in my absence,
I will know that you stand firm in the one Spirit,
striving together as one for the faith of the gospel
without being frightened in any way by those who
oppose you. This is a sign to them that they will be
destroyed, but that you will be saved—and that by
God. Amen

골로새서 3장 17절

또 무엇을 하든지 말에나 일에나 다 주 예수의 이름으로 하
고 그를 힘입어 하나님 아버지께 감사하라 아멘

Colossians 3:17

And whatever you do, whether in word or deed, do
it all in the name of the LORD Jesus, giving thanks to
God the Father through him. Amen

디모데후서 3장 17절

이는 하나님의 사람으로 온전하게 하며 모든 선한 일을 행
할 능력을 갖추게 하려 함이라 아멘

2 Timothy 3:17

So that the servant of God may be thoroughly equipped for every good work. Amen

히브리서 13장 5절

돈을 사랑하지 말고 있는 바를 족한 줄로 알라 그가 친히 말씀하시기를 내가 결코 너희를 버리지 아니하고 너희를 떠나지 아니하리라 하셨느니라 아멘

Hebrews 13:5

Keep your lives free from the love of money and be content with what you have, because God has said, "Never will I leave you; never will I forsake you." Amen

선포해봤어!